AF568648

Écrits sur l'Allemagne

1932-1933

Collection dirigée par Lidia Breda

Du même auteur
chez le même éditeur

*L'*Iliade *ou le poème de la force*

Simone Weil

Écrits sur l'Allemagne

1932-1933

Préface de Valérie Gérard

Rivages poche
Petite Bibliothèque Rivages

Retrouvez l'ensemble des parutions
des Éditions Payot & Rivages sur
payot-rivages.fr

106, boulevard Saint-Germain – 75006 Paris

Vies politiques

Entre août 1932 et mars 1933, Simone Weil, qui s'est rendue sur place à l'été 1932, écrit une série de textes sur la situation en Allemagne avant et immédiatement après la prise de pouvoir par Hitler. Elle y analyse une situation de crise économique, sociale et politique, et dresse un état des lieux des forces politiques en présence. En août 1933, elle prolonge ces réflexions en tentant une sorte de bilan de la situation politique en Europe dans un article sombre, pessimiste mais refusant tout défaitisme : « Perspectives. Allons-nous vers la révolution prolétarienne ? »

Les textes sur l'Allemagne constituent un témoignage saisissant sur cette conjoncture historique critique. Ils sont aussi l'occasion d'une réflexion sur ce que c'est, pour une société, qu'être en crise. Simone Weil n'écrit pas en historienne, ni en sociologue, ni en journaliste, mais en militante (pour les revues *La Révolution prolétarienne*, *L'École émancipée*), et ce qui la retient particulièrement, ce sont les processus de politisation et de dépolitisation de la société que produit la crise.

La vie en attente

La crise ronge et amenuise les vies, inexorablement, en produisant une situation d'attente oppressante et tragique. « [Les jeunes Allemands] sont privés de tout dans le présent, et ils n'ont pas d'avenir. C'est en cela que réside le caractère décisif de la situation, et non pas dans la misère elle-même. » Simone Weil analyse donc la manière dont la situation d'indétermination temporelle que produit la crise défait l'inscription de l'existence dans le temps social. « Nous sommes en période de transition ; mais transition vers quoi ? Nul n'en a la moindre idée. » Cette période de transition indéfinie prive à la fois de présent et d'avenir. Elle exile donc du présent et voue à attendre alors qu'il n'y a rien à attendre. (« La pensée des années à venir n'est remplie pour eux d'aucun contenu. ») La vie est donc impuissante à s'orienter dans une temporalité qui laisserait prise à la pensée et à l'action.

On peut rapprocher cette analyse de la description que Simone Weil fera, quelques années plus tard, du malheur en général, comme situation si écrasante qu'on ne peut ni la vivre au présent, car c'est trop insupportable, ni se projeter hors d'elle – le malheur n'est plus radicalement malheur si on peut s'y soustraire mentalement, si on en perçoit la fin. La désarticulation temporelle que produit la crise fabrique donc une situation de malheur radical : la vie qui ne peut prendre place dans une temporalité pensable est réduite à la plus grande passivité. L'homme y perd toute prise sur son existence.

« Tout demeure passif. » Le chômage de masse plonge une population entière dans l'inactivité forcée, ou dans la peur de l'inactivité, et provoque à l'égard du travail même un rapport de passivité : il devient moins la contribution active qu'un homme fournit à la société que ce qu'une entreprise lui octroie comme faveur, et qu'il est toujours menacé de perdre. Avoir ou non, conserver ou non un emploi ne dépend pas de soi, il n'y a rien qu'on puisse tenter de manière individuelle pour s'en sortir : l'irresponsabilité et la soumission à l'extériorité sont radicales. D'où une vie dans l'attente, dans l'attente d'on ne sait quoi si on est chômeur, dans la crainte de perdre son emploi si on en a un – l'attente réduisant à la passivité et à l'irresponsabilité. Pour finir, écrit Simone Weil, la crise qui ôte toute perspective d'avenir finit par ôter la force de chercher une issue.

Mais à cette attente vague s'ajoute une autre attente, attente angoissante d'un avenir politique qui menace d'apporter un changement impensable non plus par son indétermination mais par son horreur. La crise est au présent, mais le pire se profile à l'avenir. Les nazis font régner leur terreur contre tous les hommes de gauche ; leurs journaux appellent au meurtre ; « les ouvriers attendent simplement l'heure où tout cela s'abattra sur eux. La lenteur même du processus augmente la démoralisation ».

Simone Weil précise que la menace hitlérienne comme la crise ont un effet similaire sur les jeunes générations d'ouvriers allemands : elles les menacent de destruction. « Les troupes d'assaut hitlériennes, derrière lesquelles peut se trouver d'un jour à l'autre l'appareil d'État, constituent une menace permanente d'extermination pour les meilleurs ouvriers. Mais, même en dehors de l'éventualité d'une extermination systématique, la crise elle-même, pour peu qu'elle dure encore quelque temps, détruira des générations d'ouvriers allemands, et plus particulièrement les jeunes générations. Déjà, parmi ceux qui ont pu survivre à trois ou quatre ans de chômage, les moins résistants sont amoindris au moral et au physique par la misère et l'oisiveté. Il va falloir traverser un hiver rigoureux, sans feu, sans repas chauds ; et après cet hiver peut-être un autre encore. Ceux qui n'y mourront pas y laisseront leur santé et leur force. » L'hiver qui vient est révélateur d'une crise qui menace de détruire toute vitalité.

La vitalité atteinte. Questions de générations

La terre hurle sur la jeunesse massacrée.

ESCHYLE

Simone Weil insiste sur le caractère profondément destructeur de l'oisiveté forcée et de la précarité. Le rapport à soi, au monde, aux autres en est défait peu à peu – d'autant que l'assistance prolongée ronge les liens sociaux, aigrit les rapports de famille, ou empêche leur formation. La menace permanente, l'absence d'avenir pèsent plus radicalement sur les jeunes dans la mesure où elles empêchent tout projet d'avenir, toute construction d'une vie. « Les jeunes, pour qui la crise est l'état normal, le seul qu'ils aient connu, ne peuvent même pas y échapper dans leurs rêves. Ils sont privés de tout dans le présent, et ils n'ont pas d'avenir. » La crise fabrique un rapport au temps qui défait le rapport existentiel que les hommes entretiennent avec leur vie. Cela vaut pour tout homme, mais cette dimension existentielle de la crise s'inscrit également dans la temporalité biologique : « [l]es perspectives d'avenir [...] sont le privilège naturel de la jeunesse. » De même, la crise amenuise l'« énergie qui est le ressort de la vie », énergie dont la destruction est plus tragique chez les jeunes gens. Ce qui est insoutenable, c'est alors de voir une ouverture vitale au monde anéantie dans le moment même de son essor. C'est une ouverture temporelle pleine de désirs, de projets, qui est détruite par une crise rendant impossible toute projection.

L'inscription de l'existentiel dans la temporalité de la vie explique la dimension générationnelle de la crise que décrit Simone Weil, peut-être de toute crise. Il ne s'agit pas de dire que la crise ne toucherait que les jeunes, et Simone Weil insiste sur le fait qu'elle frappe tout le peuple allemand, décrivant ces vieillards qui ont exercé des professions libérales et sont réduits à mendier aux portes du métro, ces anciens ingénieurs qui louent des chaises dans les jardins publics. Il ne s'agit pas non plus d'opposer une lecture générationnelle à une lecture en termes de classes sociales : Simone Weil parle des jeunes ouvriers et petits-bourgeois, ceux que leur classe sociale expose aux effets de la crise. Mais elle est sensible à l'aspect générationnel de la crise, et cette lecture peut s'ancrer dans l'analyse qui a été faite de la guerre de 1914-1918, vue comme une extermination des jeunes générations, voire comme un conflit dans lequel les vieilles générations au pouvoir ont envoyé mourir les générations qui arrivaient, manière radicale de leur fermer les portes et de conserver un monde et une société pour soi.

La notion de jeunesse est historique et sociologiquement problématique. Pour Simone Weil, la « jeunesse » est une production sociale et politique d'une crise[1] qui contraint une classe d'âge à adopter une conscience générationnelle : « Ce qui est [...] frappant [...], c'est le degré auquel cette jeunesse est consciente d'elle-même. » Cette conscience générationnelle est à la fois sociale et existentielle ; elle est « tragique » (les jeunes ouvriers ont « une pleine et continuelle conscience du sort tragique qui leur est fait »). Ce qui est contradictoire, c'est que des aspirations vitales soient détruites dans le moment de leur essor, c'est que ceux qui, arrivant dans le monde, voulaient le renouveler, soient réduits à l'impuissance et à l'irresponsabilité politiques (les jeunes ouvriers ont « une continuelle conscience du poids dont pèse sur eux, de manière à écraser toutes leurs aspirations, ce vieux régime qu'ils n'ont pas accepté ».)

Cependant, politiquement, la jeunesse semble rester le lieu du possible, de l'avenir, du nouveau. Que la crise prive les jeunes de leur capacité à se projeter dans un avenir, cela rend « plus aiguë la conscience qu'ils ont de renfermer en eux un avenir ». Mais il pourrait être anéanti avec leur vitalité. « Si notre régime en décomposition contient des hommes capables de nous donner quelque chose de nouveau, c'est cette génération de jeunes ouvriers allemands. À condition toutefois que les bandes fascistes, ou plus simplement

1. « Il n'y a en France que des jeunes et des vieux : là-bas, il y a une jeunesse. »

le froid et la faim, ne leur ôtent pas soit la vie, soit du moins cette énergie qui est le ressort de la vie. »

Penser la jeunesse comme capable de renouveau politique, ce n'est guère original, mais ce qui est intéressant est la manière dont Simone Weil pense la construction sociopolitique d'une telle catégorie politique : si la jeunesse est le lieu d'une action politique possible, c'est en raison de la conscience qu'elle a d'être brisée, comme porteuse d'avenir, par une crise qui ferme toute possibilité de vie humaine et d'action politique. La crise politise la jeunesse qu'elle atteint au cœur de sa vitalité.

La vie politisée

Pour Simone Weil, la crise produit une politisation, mais incomplète, voire contradictoire, de la société. Elle politise les consciences en rendant impossible toute pensée de la vie humaine qui ne la réinscrive pas dans ses conditions sociopolitiques. Elle fait ainsi de la question politique non plus un objet pour spécialistes, un « domaine à part, le domaine de la politique, comme on dit, c'est-à-dire, en somme, le domaine des journaux, des élections, des réunions publiques, des discussions dans les cafés », « un objet [...] tout au plus d'étude théorique » aussitôt « oublié en faveur des occupations courantes, des petits événements, des passions, des intérêts », mais le « problème [le] plus pressant, [le] plus aigu dans la vie quotidienne ». « Le problème politique est pour chacun le problème qui le touche le plus près. Pour mieux dire, aucun problème concernant ce qu'il y a de plus intime dans la vie de chaque homme n'est formulable, sinon en fonction du problème de la structure sociale. »

Dans la crise se constitueraient ainsi une conscience politique et un rapport à la chose politique qui rappelle l'idéal de la république et de la citoyenneté classiques, pour lequel la politique n'est pas l'affaire de spécialistes, ni un domaine parmi d'autres, chaque citoyen ayant une conscience politique de son rapport au tout social. Cet idéal est ainsi formulé par Rousseau, dans le *Contrat social*, III, 15 :

> Sitôt que le service public cesse d'être la principale affaire des citoyens, [...] l'État est déjà près de sa ruine. [...] Mieux l'État est constitué, plus les affaires publiques l'emportent sur les privées dans l'esprit des citoyens. Il y a même beaucoup moins d'affaires privées, parce que la somme du bonheur commun fournissant une portion plus considérable à celui de chaque individu, il lui en reste moins à chercher dans les soins particuliers. [...] Sitôt que quelqu'un dit des affaires de l'État : *Que m'importe ?*, on doit compter que l'État est perdu.

Dans la situation de crise, la conscience politique et le passage au second plan d'un rapport privé à son existence, loin de résulter des bienfaits retirés d'un pacte social juste et du bonheur commun, sont produits par un malheur partagé qui fait prendre conscience de l'impossibilité d'une vie humaine en l'absence de conditions politiques et sociales décentes. L'oubli de l'ancrage politique et social de la vie humaine, qui est source, aux yeux de Rousseau, de la dissolution du corps social, oubli facile dès lors qu'une organisation stable et acceptable va de soi, cet oubli n'est plus possible en situation de crise, où l'opposition entre vie privée et vie publique n'a plus de sens[1]. La crise contraint à politiser l'existence, ce en quoi elle pourrait être féconde. C'est d'ailleurs de situations de crise que provient l'idéal républicain, posé à partir de la conscience de l'impossibilité d'une vie bonne dans une société mal constituée.

La crise rend donc sensible, en l'inscrivant dans le vécu quotidien, l'enseignement républicain ou révolutionnaire[2]. Mais cette politisation

---

1. « le tragique de la situation réside moins dans cette misère elle-même, que dans le fait qu'aucun homme, si énergique soit-il, ne peut former le moindre espoir d'y échapper par lui-même. les jeunes surtout [...] ne peuvent former une pensée d'avenir les concernant personnellement. »

2. « Les révolutionnaires enseignent depuis longtemps que l'individu dépend étroitement, et sous tous les

contrainte est inachevée, et la crise, par la sidération qu'elle produit, a également un effet de déliaison sociale. Simone Weil note la contradiction entre le fait que chacun analyse la situation d'un point de vue politique, et l'absence de discussions et d'action collectives : « Cette contradiction apparente constitue le caractère essentiel de la situation. » Elle s'explique ainsi : la crise qui « ôt[e] toute perspective d'avenir dans le cadre du régime » et « amèn[e] [...] à sentir que la seule issue est la transformation du régime [...] ôte aussi, peu à peu, la force de chercher une issue quelconque ».

Il y a aussi quelque chose de contradictoire dans la conscience politique suscitée par la crise : la pensée du lien politique des vies se fait dans la solitude. Elle n'est pas élaborée à plusieurs. En ce sens elle n'est pas vraiment politique. Il y a comme une contradiction performative

---

rapports, de la société, laquelle est elle-même constituée essentiellement par des relations économiques ; mais ce n'est là, en période normale, qu'une théorie. En Allemagne cette dépendance est un fait auquel presque chacun se heurte sans cesse plus ou moins fort, mais toujours douloureusement. La crise a brisé tout ce qui empêche chaque homme de se poser complètement le problème de sa propre destinée, à savoir les habitudes, les traditions, les cadres sociaux stables, la sécurité ; surtout la crise, dans la mesure où on ne la considère pas, en général, comme une interruption passagère dans le développement économique, a fermé toute perspective d'avenir pour chaque homme considéré isolément. »

à produire seul une analyse politique, sans « penser-avec », « parler-avec », sans que cette pensée s'inscrive dans un lien et crée un lien politique. Cette absence de lien politique est par ailleurs liée à l'absence d'organisation politique lucide et crédible au service du peuple, capable de réellement politiser les problèmes, au lieu de les dépolitiser, en déplaçant vers le nationalisme une haine du « système » indéterminée (faisant oublier que l'« ennemi principal est chez nous »), en suscitant, par une propagande creuse, une attente passive qui répond à la passivité produite par la crise : les hitlériens promettent un avenir (si indéterminé que chacun y trouve son compte) ; les communistes promettent la révolution, comme un mythe qui, au lieu de produire une capacité d'action, aide à rester, en mâtinant l'attente d'un vague espoir, dans un présent insupportable. « Lénine remarquait que les périodes révolutionnaires sont celles où les masses inconscientes [...] absorbent le plus avidement les poisons contre-révolutionnaires », conclut Simone Weil.

Une vie humaine dans un monde inhumain

La crise met en avant une question philosophique classique et cruciale : celle de la possibilité d'une vie humaine dans un monde inhumain. Les jeunes Allemands soumis à la crise « cherchent

[...] avec plus ou moins d'énergie à se faire, dans la condition inhumaine où ils sont placés, une vie humaine ».

La conjoncture critique rend sensible le nœud qui lie rapport moral et existentiel à soi, et rapport politique au monde, contraignant à poser la question du lien entre souci de la vie qu'on mène et souci politique du monde qui est condition de cette vie.

C'est ce dont, d'après Simone Weil, ont conscience ces gens dont la vie est rendue impossible par l'extériorité politique : « Le jeune Allemand, ouvrier ou petit-bourgeois, n'a pas un coin de sa vie privé qui soit hors de l'atteinte de la crise. Pour lui les perspectives bonnes ou mauvaises concernant les aspects même les plus intimes de son existence propre se formulent immédiatement comme des perspectives concernant la structure même de la société. Il ne peut même rêver d'un effort à faire pour reprendre son propre sort en main qui n'ait la forme d'une action politique. »

La crise met en évidence à quel point les réflexions éthiques traditionnelles (sur la vie bonne, sur ce que c'est que mener sa vie, la comprendre, l'orienter, se l'approprier, etc.) sont abstraites si elles sont séparées de leur inscription sociopolitique.

À lire par exemple la description de cette jeunesse qui attend et ne vit pas, on croirait retrouver un *topos* de la philosophie morale, la critique de ces gens qui, tournés vers un avenir indéterminé, attendent de vivre et ne vivent jamais, subissant passivement ce qui est à peine leur vie, critique qui est un appel à réformer son rapport au temps pour devenir sujet de sa vie. Mais là, nul travail sur soi ne peut permettre une réappropriation de soi. La désintégration temporelle du vécu n'est pas une pathologie individuelle mais une production sociale. De même, l'amenuisement de la puissance de vie est une production des circonstances extérieures à laquelle il n'est pas sûr qu'on puisse résister seul jusqu'au bout. Une éthique qui prônerait abstraitement la force d'âme, la résolution, la maîtrise de soi, passerait à côté de l'enracinement de la puissance de vie dans un cadre relationnel, social, spatio-temporel, qui, par son aller-de-soi, offre une certaine ignorance, une certaine confiance, qui semble soutenir la capacité de vivre. Être contraint par la perte des cadres de « se poser complètement le problème de sa propre destinée[1] » peut faire vaciller la capacité de mener sa vie.

La crise met donc à nu le fait que le rapport à soi n'est pas pensable, sauf abstraction naïve, hors de ses conditions extérieures ; le soi

1. « La crise a brisé tout ce qui empêche chaque homme de se poser complètement le problème de sa propre destinée, à savoir les habitudes, les traditions, les cadres sociaux stables, la sécurité. »

n'est pas distinct de son extériorité ; la morale n'est pas dissociable de la politique, ce qui rend critique la question de la possibilité d'une vie humaine dans des conditions inhumaines.

Si la morale est inscrite dans la politique, le rapport à la politique a une dimension morale : il est peut-être l'ultime exigence pour qui veut mener une vie bonne dans un contexte qui l'empêche. Ainsi, même s'il ne dépend pas de soi jusqu'au bout, le courage de continuer à penser et à agir politiquement constitue le cœur d'un maintien de la vie humaine dans une situation invivable. Lutter, et à défaut comprendre, c'est exister activement et ne plus être simplement ballotté par une situation. Simone Weil décrit ainsi les jeunes ouvriers allemands qui « résistent, dans cette situation sans espoir, à toutes les formes de désespoir », en maintenant des exigences, notamment celle de rester conscients et lucides.

Mais c'est dans son article sur les perspectives du mouvement révolutionnaire qu'elle définit en quoi consiste le courage politique dans une situation sans espoir. Son état des lieux de la situation politique est pessimiste, mais il veut se distinguer de tout défaitisme. Rien ne laisse prise à l'espoir, écrit Simone Weil, mais « le terme même de découragement ne saurait avoir de sens parmi nous. La seule question qui se pose est de savoir si nous devons ou non continuer à lutter ; dans le premier cas, nous lutterons avec autant d'ardeur que si la victoire était sûre. Il n'y a aucune difficulté, une fois qu'on a décidé d'agir, à garder intacte, sur le plan de l'action, l'espérance même qu'un examen critique a montré être presque sans fondement ; c'est là l'essence même du courage. » L'absence d'espoir oblige à un courage vrai parce qu'il ne se berce pas d'illusions. Ce courage fait la grandeur de l'action politique qui tâche, avec lucidité, de réaliser l'impossible[1]. À défaut, il consiste à le penser.

> Les forces redoutables que nous avons à combattre s'apprêtent à nous écraser ; et certes elles peuvent nous empêcher d'exister pleinement, c'est-à-dire d'imprimer au monde la marque de notre volonté. Mais il est un domaine où elles sont impuissantes. Elles ne peuvent nous empêcher de travailler à concevoir clairement l'objet de nos efforts [...]. Notre faiblesse peut à la vérité nous empêcher de vaincre, mais non pas de comprendre la force qui nous écrase. Rien au monde ne peut nous interdire d'être lucides. [...] En tout cas, le plus grand malheur pour nous

1. On pense aux dernières pages de *Violence et civilité* d'Étienne Balibar, p. 416-417, où il parle des « militants de l'impossible », héroïques, « qui, en Palestine par exemple, venant des deux côtés d'un "mur" en construction, tentent de faire un obstacle de leurs corps et de leur parole à l'irréversible séparation des communautés, sans oublier pour autant de quel côté est la puissance, et de quel autre la faiblesse ».

serait de périr impuissants à la fois à réussir et à comprendre.

La lucidité politique n'est pas entièrement en notre pouvoir, mais l'exiger de soi-même constitue le cœur d'une exigence morale si le rapport moral à soi n'est pas pensable hors de ses conditions politiques. Dans cette lucidité se maintiennent activement l'existence et l'humanité, maintien qui est le sol de la capacité d'exiger et de changer le monde. « Le seul fait que nous existons, que nous concevons et voulons autre chose que ce qui existe, constitue pour nous une raison d'espérer. »

Valérie GÉRARD

Écrits sur l'Allemagne

Premières impressions d'Allemagne

Politiquement, tout est toujours tranquille. On est moins fiévreux concernant les événements allemands ici qu'à Paris. À peine si on voit quelques nazis en uniforme dans la rue, et ils se conduisent comme tout le monde. On lit le matin dans les journaux qu'il y a eu ici et là quelques attentats, à peu près dans le même état d'esprit qu'on lit qu'il y a eu tant d'accidents d'automobiles. Les journaux ennemis ne s'affrontent pas dans les métros. On ne discute pas politique.

Pour les travailleurs, la question qui est en suspens, c'est l'« *Arbeitsdienst* », ces camps de concentration pour chômeurs qui existent actuellement sous forme de camps où l'on peut aller volontairement (10 pfennigs par semaine) mais qui deviendraient obligatoires sous un gouvernement hitlérien. En ce moment n'y vont que les plus désespérés. On n'imagine pas cette magnifique jeunesse ouvrière allemande qui fait du sport, du camping, chante, lit, fait faire du sport aux enfants, réduite à ce régime militaire.

Une autre question, c'est celle, non seulement de l'interdiction du parti communiste, mais d'un massacre systématique des meilleurs éléments. Les journaux nazis sont pleins d'appels au meurtre et disent ouvertement : « Il ne faut pas nous énerver maintenant (c'est-à-dire ne pas faire d'attentat), attendons d'avoir le pouvoir. » Les ouvriers attendent simplement l'heure où tout cela s'abattra sur eux. La lenteur même du processus augmente la démoralisation. Ce n'est pas le courage qui manque, mais les occasions de lutter ne se présentent pas.

L'idéologie nazie est étonnamment contagieuse, notamment chez le parti communiste. Dernièrement, les nazis tonnaient contre le fait qu'une « femme juive marxiste » (Clara Zetkin) allait présider la séance de rentrée du Reichstag. À quoi la *Welt am Abend* (journal officieux du parti) répondit : D'abord Clara Zetkin n'est pas juive. Et puis, si elle l'était, ça ne ferait rien. Rosa Luxemburg, *bien que juive*, était une tout à fait *« ehrliche Person »* (une personne honorable)... ! Quant au nationalisme, le parti communiste en est (paraît-il) incroyablement imprégné, il appelle les social-démocrates *« Landverräter »* (traîtres à la patrie), etc.

Mon impression jusqu'ici est que les ouvriers allemands ne sont nullement disposés à capituler, mais qu'ils sont incapables de lutter. Les communistes et les sociaux-démocrates accusent chacun (et très justement) le parti adverse de ne mériter aucune confiance, et cela même les plus honnêtes militants de la base [le font] (exemple : l'ouvrier communiste chez qui j'habitais et qui est contre le front unique). Division d'autant plus grave que les communistes sont des chômeurs, alors que les social-démocrates travaillent. À cela s'ajoute que ceux qui chôment depuis 2, 3, 4, 5 ans ne sont plus capables de l'énergie que demande une révolution... Des jeunes gens qui n'ont jamais travaillé, las des reproches de leurs parents, se tuent ou s'en vont vagabonder, ou se démoralisent complètement. On voit des enfants d'une maigreur effrayante, des gens qui chantent lamentablement dans les cours, etc. D'autre part cette question terrible des camps de concentration pour chômeurs ne touche pas les ouvriers qui travaillent – et chez les chômeurs même, sans doute ce régime d'esclavage militaire est-il le seul que puissent supporter les plus démoralisés [...]. Au contraire ceux qui font des sports, de la propagande politique, etc., ne pourront pas le supporter. Mais il est à craindre qu'ils luttent seuls et soient exterminés.

Impressions d'Allemagne

L'Allemagne en attente (août et septembre)

Celui qui, ces temps-ci, venant de France, arrive d'Allemagne, a le sentiment que le train l'a amené d'un monde à un autre, ou plutôt d'une retraite séparée du monde dans le monde véritable. Non pas que Berlin soit en fait moins calme que Paris ; mais le calme même a là-bas quelque chose de tragique. Tout est en attente.

Les problèmes concernant la structure de la société humaine se posent. Ils ne se posent pas comme en France, où ils appartiennent à un domaine à part, le domaine de la politique, comme on dit, c'est-à-dire, en somme, le domaine des journaux, des élections, des réunions publiques, des discussions dans les cafés, et où les problèmes réels sont ailleurs pour chacun. En Allemagne, en ce moment, le problème politique est pour chacun le problème qui le touche de plus près.

Pour mieux dire, aucun problème concernant ce qu'il y a de plus intime dans la vie de chaque homme n'est formulable, sinon en fonction du problème de la structure sociale.

Les révolutionnaires enseignent depuis longtemps que l'individu dépend étroitement, et sous tous les rapports, de la société, laquelle est elle-même constituée essentiellement par des relations économiques ; mais ce n'est là, en période normale, qu'une théorie. En Allemagne cette dépendance est un fait auquel presque chacun se heurte sans cesse plus ou moins fort, mais toujours douloureusement. La crise a brisé tout ce qui empêche chaque homme de se poser complètement le problème de sa propre destinée, à savoir les habitudes, les traditions, les cadres sociaux stables, la sécurité ; surtout la crise, dans la mesure où on ne la considère pas, en général, comme une interruption passagère dans le développement économique, a fermé toute perspective d'avenir pour chaque homme considéré isolément.

En ce moment, cinq millions et demi d'hommes vivent et font vivre leurs enfants grâce aux secours précaires de l'État et de la commune ; plus de deux millions sont à la charge de leur famille, ou mendient, ou volent ; des vieillards en faux col et chapeau melon, qui ont exercé toute leur vie une profession libérale, mendient aux portes des métros et chantent misérablement dans les rues. Mais le tragique de la situation réside moins dans cette misère elle-même, que dans le fait qu'aucun homme, si énergique soit-il, ne peut former le moindre espoir d'y échapper par lui-même.

Les jeunes surtout, qu'ils appartiennent à la classe ouvrière ou à la petite bourgeoisie, eux pour qui la crise constitue l'état de choses normal, le seul qu'ils aient connu, ne peuvent même pas former une pensée d'avenir quelconque se rapportant à chacun d'eux personnellement. Ils ne peuvent pas, la politique mise à part, former même des projets d'action ; ils sont ou peuvent être, d'un moment à l'autre, réduits à l'oisiveté, ou plutôt à l'agitation harassante et dégradante qui consiste à courir d'une administration à l'autre pour obtenir des secours. Nul n'espère pouvoir, grâce à sa valeur professionnelle, garder ou trouver une place.

Cherchent-ils une consolation dans la vie de famille ? Tous les rapports de famille sont aigris par la dépendance absolue dans laquelle se trouve le chômeur par rapport au membre de sa famille qui travaille. Les chômeurs qui ont dans leur famille quelqu'un qui travaille, et les jeunes de moins de vingt ans sans exception, ne touchent aucun secours. Cette dépendance, dont l'amertume est encore accrue par les reproches de parents affolés par la misère, chasse souvent les jeunes chômeurs de la maison paternelle, les pousse au vagabondage et à la mendicité.

Quant à fonder soi-même une famille, à se marier, à avoir des enfants, les jeunes Allemands ne peuvent en général même pas en avoir la pensée. La pensée des années à venir n'est remplie pour eux d'aucun contenu.

L'avenir immédiat n'est pas plus sûr que l'avenir lointain. Dans la vie au grand air et au soleil, dans les lacs et les fleuves, dans la gymnastique, la musique, la lecture, dans les responsabilités de la vie politique, enfin dans une fraternelle camaraderie, la meilleure partie de la jeunesse allemande ne trouve qu'une précaire consolation. Chaque chômeur, à mesure que le temps s'écoule, voit les secours qu'il reçoit diminuer, et s'approcher le moment où, chômant depuis trop longtemps, il ne touchera plus rien.

Des camps de concentration pour jeunes chômeurs, où l'on travaille sous une discipline militaire pour une solde de soldat *(Arbeitsdienst)*, reçoivent ceux qui, étant sans ressources, aiment mieux aller là que de vagabonder misérablement ou d'aller s'engager dans la Légion étrangère française ; ces camps ne recrutent encore que des volontaires ; mais tous les partis réactionnaires parlent d'y envoyer les jeunes chômeurs de force, contraignant ainsi les meilleurs, ceux qui ont su se faire malgré tout une vie humaine, à tout abandonner.

En somme le jeune Allemand, ouvrier ou petit-bourgeois, n'a pas un coin de sa vie privée qui soit hors de l'atteinte de la crise. Pour lui les perspectives bonnes ou mauvaises concernant les aspects même les plus intimes de son existence propre se formulent immédiatement comme des perspectives concernant la structure même de la société. Il ne peut même rêver d'un effort à faire pour reprendre son propre sort en main qui n'ait la forme d'une action politique. La somme d'énergie dont la plus grande part est d'ordinaire absorbée par la défense des intérêts privés se trouve ainsi, dans l'Allemagne actuelle, porter presque tout entière sur les rapports économiques et politiques qui constituent l'ossature de la société elle-même.

*

Cette énergie reste latente. Dans une situation semblable, qui semble répondre parfaitement à la définition d'une situation révolutionnaire, tout demeure passif.

L'observateur, frappé par la convergence de toutes les pensées sur le problème politique, est aussitôt frappé, et plus vivement encore, par l'absence d'agitation, de discussions passionnées dans les rues ou les métros, de lecteurs se jetant anxieusement sur leur journal, d'actions ébauchées ou seulement concertées. Cette contradiction apparente constitue le caractère essentiel de la situation. Le peuple allemand n'est ni découragé ni endormi ; il ne se détourne pas de l'action ; et pourtant il n'agit pas ; il attend.

La tâche à remplir peut bien faire hésiter. Car le problème qui se pose aux ouvriers allemands n'est pas de l'ordre de ceux qui se posaient, en

1917, aux ouvriers russes : paix à conclure et terre à partager ; non, il s'agit ici de reconstruire toute l'économie sur des fondements nouveaux. Seule peut donner la force de se résoudre à une telle tâche la conscience aiguë qu'il n'y a pas d'autre issue possible.

C'est à quoi les jeunes gens sont amenés tour à tour par une crise qui semble leur ôter toute perspective d'avenir dans le cadre du régime ; mais cette même crise leur ôte aussi, peu à peu, la force de chercher une issue quelconque. Cette vie d'oisiveté et de misère, qui prive les ouvriers de leur dignité de producteurs, ôte aux ouvriers qualifiés leur habileté et aux autres toute chance de devenir habiles à quoi que ce soit, cette vie, à l'égard de laquelle il se produit, après deux, trois, quatre ans, une douloureuse accoutumance, ne prépare pas à assumer toutes les responsabilités d'une économie nouvelle.

Les employés de bureau, qui sont peu enclins à se considérer comme solidaires des ouvriers, sont bien moins capables encore que les ouvriers les plus découragés de chercher le salut en eux-mêmes ; or ils forment une partie considérable des salariés et des chômeurs allemands ; la folle prodigalité déployée par le capitalisme allemand en période de haute conjoncture, et qui a produit comme une course à l'accroissement des frais généraux, s'est manifestée aussi dans ce domaine, au point qu'il y a, dit-on, en certaines usines, plus d'employés de bureau que d'ouvriers.

Quant aux ouvriers des entreprises, ils existent encore, si pénible que soit leur vie, dans les cadres du régime ; ils y vivent mieux que d'autres ; ils ont quelque chose à perdre. Eux aussi, comme les chômeurs, sont de simples fétus dans le remous de la crise capitaliste ; mais ils peuvent, eux, n'y pas penser à tout instant. Une séparation s'établit ainsi entre les chômeurs et eux, qui prive les chômeurs de toute prise sur l'économie, en même temps qu'elle les affaiblit eux-mêmes, menacés qu'ils sont par une réserve de travailleurs disponibles presque aussi nombreux que les travailleurs effectifs.

Ainsi la crise n'a d'autre effet que de pousser à des sentiments révolutionnaires, et de ramener ensuite, comme des vagues, des couches toujours nouvelles de la population. Si elle force presque chaque ouvrier ou petit-bourgeois allemand à sentir, un moment ou l'autre, toutes ses espérances se briser contre la structure même du système social, elle ne groupe pas le peuple allemand autour des ouvriers résolus à transformer ce système.

*

Une organisation pourrait, dans une certaine mesure, y suppléer ; et le peuple allemand est le peuple du monde qui s'organise le plus. Les trois seuls partis allemands qui soient actuellement des partis de masse, se réclament tous trois d'une révolution qu'ils nomment tous trois socialiste.

Comment se fait-il donc que les organisations restent, elles aussi, inertes ?

Pour le comprendre, il faut les examiner dans leur vie intérieure et dans leurs rapports mutuels.

Une révolution ne peut être menée que par des hommes conscients et responsables ; on pourrait donc formuler la contradiction essentielle au parti national-socialiste en disant que c'est le parti des révolutionnaires inconscients et irresponsables.

Toute crise grave soulève des masses de gens qui étouffent dans le régime qu'ils subissent sans avoir la force de vouloir eux-mêmes le transformer ; ces masses, derrière les révolutionnaires véritables, pourraient constituer une force ; la signification essentielle du mouvement hitlérien consiste en ceci, qu'il en a groupé une grande partie à part, la faisant ainsi nécessairement tomber sous le contrôle du grand capital.

Le mouvement national-socialiste – car les chefs considèrent, avec raison, le terme de mouvement populaire comme préférable à celui de parti – est composé, comme il résulte de son essence même, des intellectuels, d'une large masse de petits-bourgeois, d'employés de bureau et de paysans et d'une partie des chômeurs ; mais, parmi ces derniers, beaucoup sont attirés surtout par le logement, la nourriture et l'argent qu'ils trouvent dans les troupes d'assaut.

Le lien entre ces éléments si divers est constitué moins par un système d'idées que par un ensemble de sentiments confus, appuyés par une propagande incohérente. On promet aux campagnes de hauts prix de vente, aux villes la vie à bon marché. Les jeunes gens romanesques sont attirés par des perspectives de luttes, de dévouement, de sacrifice ; les brutes par la certitude de pouvoir un jour massacrer à volonté.

Une certaine unité est néanmoins assurée en apparence par le fanatisme nationaliste, que nourrit, chez les petits-bourgeois, un vif regret à l'égard de l'union sacrée d'autrefois, baptisée « socialisme du front » ; ce fanatisme, qu'exaspère une savante démagogie, va parfois, chez les femmes, jusqu'à une fureur presque hystérique contre les ouvriers conscients. Mais, dans l'ensemble du mouvement hitlérien, la propagande nationaliste s'appuie avant tout sur le sentiment que les Allemands éprouvent, à tort ou a raison, d'être écrasés moins par leur propre capitalisme que par le capitalisme des pays victorieux ; il en résulte quelque chose de fort différent du nationalisme sot et cocardier que l'on connaît en France, une propagande qui, essayant en outre de persuader que la plupart des capitalistes d'Allemagne sont juifs, s'efforce de poser les termes de capitaliste et d'allemand comme deux termes antagonistes.

On peut mesurer la puissance de rayonnement que possède en ce moment la classe ouvrière allemande par le fait que le parti hitlérien doit présenter le patriotisme lui-même comme une forme de la lutte contre le capital.

Même sous cette forme, la propagande nationaliste touche assez peu les ouvriers allemands, et les ouvriers hitlériens eux-mêmes. Dans leurs discussions avec les communistes, la question nationale reste le plus souvent au second plan ; au premier plan se posent les questions de classe ; tout au plus se demande-t-on dans quelle mesure il est sage de compter sur les ouvriers des autres pays.

Dans l'ensemble, les ouvriers hitlériens sont corrompus par leur participation à un tel mouvement beaucoup moins qu'on ne pourrait s'y attendre. Leur sentiment dominant est une haine violente à l'égard du « système », comme ils disent, haine qui s'étend aussi aux social-démocrates, considérés comme les soutiens du régime, et même aux communistes, accusés de collusion avec la social-démocratie ; car les ouvriers hitlériens, qui se croient engagés dans un mouvement révolutionnaire, s'étonnent sincèrement que les communistes veuillent s'unir aux réformistes contre eux. De plus, le régime russe leur semble avoir bien des points communs avec le régime capitaliste. « Vous voulez une nation de prolétaires, disent-ils aux communistes, Hitler veut supprimer le prolétariat. »

Que désirent-ils donc ? Un régime idyllique, où les ouvriers, assurés d'une certaine indépendance par la possession d'un lopin de terre, seraient en outre défendus contre les patrons trop rapaces par un État tout-puissant et plein de soins paternels. Quant au programme économique, ils ne s'en inquiètent guère ; il a pu être modifié considérablement à leur insu. Ils se reposent de tous les soucis de réalisation pratique sur celui qu'on nomme « le chef », bien qu'il ne dirige pas grand-chose, c'est-à-dire Hitler.

En réalité, ce qui les attire au mouvement national-socialiste, c'est, tout comme pour les intellectuels et les petits-bourgeois, qu'ils y sentent une force. Ils ne se rendent pas compte que cette force n'apparaît si puissante que parce qu'elle n'est pas leur force, parce qu'elle est la force de la classe dominante, leur ennemi capital ; et ils comptent sur cette force pour suppléer à leur propre faiblesse, et réaliser, ils ne savent comment, leurs rêves confus.

Les social-démocrates sont au contraire des gens raisonnables, que la situation n'a pas encore réduits au désespoir, et qui refusent de se lancer dans des aventures. C'est dire que la social-démocratie, bien qu'elle compte dans ses rangs des petits-bourgeois et des chômeurs, s'appuie surtout sur les ouvriers qui travaillent.

Elle a établi son emprise au cours des années de prospérité, et principalement par l'intermédiaire des syndicats, dont elle n'a fait, en somme, au Parlement, que seconder l'action.

Les syndicats réformistes, qui comptent quatre millions de membres, qui ont en main le personnel des services publics, des cheminots, des industries-clefs, se sont, pendant la période de haute conjoncture, admirablement acquittés de leur tâche, à savoir : aménager le mieux possible la vie des ouvriers dans le cadre du régime. Caisses de secours, bibliothèques, écoles, tout a été réalisé dans des proportions grandioses, installé dans des locaux témoignant de la même folle prodigalité dont les capitalistes ont été saisis au même moment.

Des organisations ainsi modelées sur le développement de l'économie capitaliste dans ses périodes de stabilité apparente se sont naturellement attachées à la force qui fait la stabilité du régime, au pouvoir d'État. Aussi se sont-elles, d'une part, liées à un parti parlementaire, et à un parti qui est allé jusqu'aux plus extrêmes concessions pour rester dans la majorité gouvernementale ; et, d'autre part, elles se sont abritées derrière la loi, acceptant le principe du « tarif », c'est-à-dire les contrats de travail ayant force de loi et l'arbitrage obligatoire.

La crise est venue. Les capitalistes se sont abrités eux-mêmes derrière le principe des tarifs pour attaquer les salaires. Mais plus l'économie capitaliste a été secouée par la crise, plus les organisations syndicales, qui, comme il arrive toujours, voient le but suprême dans leur propre développement, et non dans les services qu'elles peuvent rendre à la classe ouvrière, se sont réfugiées peureusement derrière le seul élément de stabilité, le pouvoir d'État. Elles sont restées à peu près inertes ; les syndiqués qui participaient aux grèves dites « sauvages », c'est-à-dire non autorisées par les organisations, étaient exclus.

Vint le 20 juillet, le coup d'État qui ôta brutalement à la social-démocratie ce qui lui restait de pouvoir politique : toujours même inertie. « C'est que, disaient ouvertement les fonctionnaires syndicaux, nous songeons avant tout au salut des organisations ; or la réaction politique ne les met pas en péril. Le capitalisme lui-même, à l'époque actuelle de l'économie, a besoin des syndicats. Le péril hitlérien non plus n'existe pas ; Hitler ne pourrait prendre tout le pouvoir que par un coup d'État, qui ne se heurterait pas seulement à notre résistance, mais aussi à celle de l'appareil gouvernemental. Le seul péril serait d'engager les syndicats dans une lutte politique où l'État les briserait. » Il s'agit en somme avant tout d'éviter que s'engage une lutte qui poserait la question : révolution ou fascisme, lutte qui aboutirait de toute manière à la destruction des organisations réformistes. Pour éviter qu'une telle lutte ne s'engage, et, si elle s'engage, pour la briser, on peut s'attendre que les fonctionnaires de la social-démocratie et des syndicats ne reculeront devant rien.

Pour la même raison, ils ne veulent à aucun prix du front unique ; ils ont compris la leçon de 1917 et l'imprudence de Kerensky.

En fin de compte, le fascisme semble être moins redoutable à leurs yeux que la révolution.

Les ouvriers qui composent les syndicats réformistes n'ont pas, avec le régime et l'État, les mêmes attaches indissolubles que leurs organisations. Quelques-uns, et surtout les vieux, suivent les syndicats réformistes et s'accrochent au régime ; mais, d'une manière générale, la crise, qui menace à chaque instant les ouvriers qu'elle n'a pas encore réduits au chômage, fait que les ouvriers ne peuvent plus avoir l'illusion d'être chez eux dans le régime.

Ainsi, à mesure que les organisations réformistes, sous l'action de la crise, se rattachaient de plus en plus peureusement au régime, les ouvriers, sous l'influence de la même cause, s'en détachaient de plus en plus. Le divorce entre les organisations et leurs membres est donc allé en s'accentuant. Depuis le 20 juillet surtout, on se met, chose inusitée jusque-là, à discuter dans les réunions intérieures de la social-démocratie ; les jeunes y attaquent violemment la direction, proclament qu'ils ne veulent plus rester passifs sous prétexte qu'il faut éviter la guerre civile, qu'ils veulent s'entendre avec les ouvriers communistes, et lutter.

Mais lutter pour quoi ? Pour la république de Weimar ? La force de la position des chefs réformistes réside en ceci, qu'une lutte peut difficilement s'engager en ce moment sans mettre en question l'existence même du régime.

Or la question du régime, les ouvriers social-démocrates n'osent guère la regarder en face. Aussi leur opposition demeure-t-elle sourde, incertaine, dispersée. Certes, quelques-uns d'entre eux s'en vont au mouvement national-socialiste ou au communisme ; mais la plupart restent membres disciplinés, bien que mécontents, de leurs organisations.

Qu'ils préfèrent les organisations réformistes au mouvement hitlérien, cela fait leur éloge ; mais qu'est-ce qui les tient éloignés du parti communiste ? Où en est le parti communiste allemand ?

80 à 90 % des membres du parti communiste allemand sont chômeurs. Plus de la moitié des membres a adhéré au parti depuis moins d'un an, plus des quatre cinquièmes depuis moins de deux ans. Ces seuls chiffres permettent d'apprécier la faiblesse du parti par rapport aux tâches qu'il se propose.

La crise a pour effet naturel de rendre prudents même les ouvriers hautement qualifiés qui, en période de prospérité, ne craignant pas de perdre leur place, sont les plus disposés à mener une action révolutionnaire ; et elle amène au contraire à des opinions radicales ceux qui n'ont plus rien à perdre : les chômeurs. De même la crise use et remplace très vite des couches successives de révolutionnaires. Mais ces phénomènes produits par la crise dans la classe ouvrière, et qui sont pour elle une cause de faiblesse, se reflètent dans le parti communiste, non pas atténués, comme il faudrait pour qu'il constitue un instrument aux mains des ouvriers, mais au contraire grossis. Ce grossissement ne peut être dû qu'à la politique du parti.

Sa politique syndicale, menée selon les deux mots d'ordre contradictoires : « Renforcez les syndicats rouges ! », et : « Travaillez dans les syndicats social-démocrates ! », a abouti à des syndicats rouges très faibles et à une influence communiste à peu près nulle dans les syndicats réformistes. Le régime intérieur, régime de dictature bureaucratique sans contrôle de la base, a permis à la direction de mener une politique d'aventures qui a ôté au parti tout crédit dans les entreprises, les ouvriers des entreprises ayant beaucoup plus que les chômeurs la crainte des aventures. Ce même régime intérieur, en rendant la vie impossible aux éléments les plus conscients s'ils ne taisent pas au moins une partie de ce qu'ils pensent, en empêchant que les membres nouveaux, souvent recrutés au hasard, reçoivent une éducation sérieuse, condamne le parti à n'avoir presque que des membres fraîchement acquis.

Ainsi le prolétariat allemand n'a comme avant-garde, pour faire la révolution, que des chômeurs, des hommes privés de toute fonction productrice, rejetés hors du système économique, condamnés à vivre en parasites malgré eux, et qui sont de plus entièrement dépourvus aussi bien d'expérience que de culture politique. Un tel parti peut propager des sentiments de révolte, non se proposer la révolution.

Si l'on ajoute que les organisations de sympathisants groupent, elles aussi, surtout des chômeurs, et seulement au nombre d'une ou deux centaines de mille, que le parti n'a même pas construit de solides organisations de chômeurs, qu'il a laissé dissoudre, il y a deux ans, une excellente organisation militaire (RFK) qu'il n'a pu faire vivre illégalement, et dont les membres se trouvent aujourd'hui en partie dans les troupes d'assaut hitlériennes, on reconnaîtra qu'il est difficile d'imaginer une organisation plus faible à l'égard des problèmes que pose toute action.

Cette faiblesse intérieure lui rend à la fois indispensable et difficile d'acquérir une influence sur les ouvriers des autres partis. Cependant la situation intérieure des partis national-socialiste et social-démocrate lui est favorable.

Dans le mouvement hitlérien se trouvent des ouvriers qu'on ne peut nommer conscients, mais qui ont, sinon des conceptions, du moins des sentiments révolutionnaires, qui croient sincèrement, dans ce parti nationaliste, servir la révolution. En exposant clairement les contradictions intérieures du parti hitlérien, en dénonçant surtout avec une vigueur implacable, le caractère contre-révolutionnaire de toute propagande nationaliste, on pourrait, dans une certaine mesure, isoler le parti hitlérien de la classe ouvrière, en détacher même certains éléments petits-bourgeois.

Au contraire, les ouvriers social-démocrates, sourdement mécontents de la politique réformiste, n'osent pas s'engager dans la lutte révolutionnaire par une crainte légitime de l'aventure. La polémique ne peut mordre sur eux, on ne peut les entraîner que par des accords pratiques permettant aux ouvriers social-démocrates et communistes, impuissants séparément, d'accomplir ensemble des actions bien déterminées ; actions qui contribueraient aussi à attirer ceux qui vont au parti hitlérien simplement parce qu'il est le seul à donner l'impression qu'il existe.

Or, par une perversité qui semble diabolique, le parti communiste mène une politique exactement contraire.

Il n'emploie d'autre moyen d'action auprès des social-démocrates que la polémique contre leurs chefs, polémique menée dans le langage le plus violent ; les offres de front unique, faites « à la base », par-dessus la tête des organisations, et dont chacun sait d'avance qu'elles seront rejetées, constituent simplement un aspect de cette polémique. En juillet, sous la pression des ouvriers de la base, et devant la menace des bandes fascistes, on a plusieurs fois réalisé le front unique entre organisations locales ; mais depuis, si le terme de « social-fasciste » est devenu de moins en moins usité, tout en faisant toujours partie du vocabulaire officiel, le front unique a été pratiquement abandonné. Les propositions d'organisation à organisation ne se sont pas renouvelées.

Avec les hitlériens au contraire, le parti a longtemps pratiqué une sorte de front unique dirigé contre la social-démocratie. Les ouvriers social-démocrates n'ont pas oublié le fameux plébiscite hitlérien, que la bureaucratie communiste s'est soudain avisée de transformer en « plébiscite rouge ». En se donnant ainsi l'apparence de prendre au sérieux les phrases révolutionnaires du parti hitlérien, elle a considérablement encouragé les ouvriers hitlériens dans leur erreur. Mais elle a fait pire : elle a suivi le mouvement hitlérien sur le terrain national. Le parti a publié comme brochure de propagande, et sans commentaires, le recueil des lettres où l'officier Scheringer expliquait qu'il était passé du national-socialisme au communisme parce que le communisme, par une alliance militaire avec la Russie, était bien mieux capable de servir les fins nationales de l'Allemagne. Sur cette plate-forme, Scheringer a formé un groupe, composé de gens du meilleur monde, et officiellement contrôlé par le parti. Le mot d'ordre de libération nationale *(Volksbefreiung)* tient, dans la propagande du parti, une place souvent aussi importante, parfois plus importante, que les mots d'ordre de lutte sociale.

Il faut remarquer que les ouvriers communistes eux-mêmes ne sont pas le moins du monde nationalistes. Mais cette politique les désarme dans leurs discussions avec les ouvriers hitlériens, au cours desquelles on a l'impression qu'ils n'arrivent pas à trouver le point de désaccord. On dirait que le parti communiste fait tout ce qu'il peut pour ne pas laisser apparaître, aux yeux des ouvriers peu cultivés, de caractère qui le distingue du mouvement hitlérien, en dehors d'une extrême faiblesse.

Le résultat de toute cette politique est, pour le parti communiste allemand, un isolement complet au sein de la classe ouvrière.

Cette situation impose au parti communiste une attitude passive qui donne à ses mots d'ordre révolutionnaires le caractère de la plus creuse phraséologie.

À moitié illégal, sa presse muselée, ses manifestations le plus souvent interdites, il ne peut réagir, de peur d'être réduit à l'illégalité complète. Dans son désarroi, il essaye, dans une situation qui ne laisse place qu'à des luttes de caractère politique, de reprendre contact avec les ouvriers des entreprises sur le terrain des revendications, ce qui est comique si l'on songe qu'en France et en Belgique il tente de donner artificiellement un caractère politique aux grèves revendicatives. Il essaye de cacher son impuissance par des mensonges, des vantardises, des mots d'ordre lancés à vide, tels que le mot d'ordre de grève générale lancé sans préparation le 21 juillet, qu'aucun ouvrier n'a pris au sérieux, et qui n'a fait que rendre le parti ridicule.

Tout cela répand, dans les rangs du parti, un profond découragement. Le succès remporté aux élections ne leur a rendu quelque confiance que grâce aux illusions les plus dangereuses concernant la valeur d'un succès électoral. Malgré ce succès, les ouvriers communistes sont en proie à un vague malaise ; ils se rendent compte que quelque chose ne va pas ; dans les cellules, où on essaye de les absorber dans des tâches de petite envergure, ils élèvent la voix, ils discutent, chose nouvelle depuis quelques années. Mais ils discutent encore timidement ; ils ne posent pas les questions essentielles. Des arguments d'ordre purement sentimental, tels que : « on ne peut pas faire le front unique avec Noske et Grzesinsky », ont facilement prise sur des communistes de fraîche date, sans expérience ni culture historique.

De plus les communistes de la base n'ont pas, en général, conscience de traverser un moment décisif de l'histoire ; ils ont le sentiment d'avoir beaucoup de temps devant eux, sentiment qui s'explique par la lenteur de l'évolution politique en Allemagne. Ceux qui ont gardé quelque espoir de victoire s'attendent vaguement qu'un jour une trahison des chefs réformistes, plus scandaleuse que les autres, amènera au parti communiste les masses social-démocrates.

Les petites oppositions communistes essayent en vain de transformer ce sourd malaise en quelque chose d'articulé ; elles-mêmes d'ailleurs gardent une attitude quelque peu craintive et plus ou moins ambiguë à l'égard du parti officiel. En général, leurs chefs n'ont d'espoir qu'en un renouveau spontané du mouvement révolutionnaire, après une catastrophe où périront les cadres officiels ; il faut faire exception pour le petit groupe trotskyste, qui n'arrive guère à faire plus qu'à répandre la littérature de Trotsky, et pour le parti socialiste ouvrier (SAP).

Ce parti, bien que constitué comme opposition social-démocrate, s'est en fait orienté vers le mouvement communiste, grâce à l'impulsion de la base, formée surtout de jeunes ouvriers remarquablement conscients, et sous l'influence de militants de valeur, anciens brandlériens sortis de l'opposition brandlérienne parce que celle-ci, dans les questions russes, se solidarise avec Staline. Mais un vice essentiel qui tient à sa formation même frappe ce petit parti d'impuissance : à la faiblesse numérique d'une secte, il joint l'incohérence d'une organisation de masse.

D'une manière générale les oppositions n'arrivent ni à agir par elles-mêmes ni à mordre sur le parti officiel. Et celui-ci reste réduit à prêcher la révolution sans pouvoir la préparer.

Cette impuissance du parti qui dit constituer l'avant-garde du prolétariat allemand pourrait faire conclure, légitimement en apparence, à l'impuissance du prolétariat allemand lui-même. Mais le parti communiste allemand n'est pas l'organisation des ouvriers allemands résolus à préparer la transformation du régime, bien que ceux-ci en soient ou en aient été membres pour la plupart ; il constitue une organisation de propagande aux mains de la bureaucratie d'État russe, et ses faiblesses sont par là facilement explicables.

On comprend sans peine que le parti communiste allemand, armé, par les soins de la bureaucratie russe, de la théorie du « socialisme dans un seul pays », soit en mauvaise posture pour lutter contre le parti hitlérien qui s'intitule : « parti de la révolution allemande ».

Il est clair, d'une manière plus générale, que les intérêts de la bureaucratie d'État russe ne coïncident pas avec les intérêts des ouvriers allemands. Ce qui est d'intérêt vital pour ceux-ci, c'est d'arrêter la réaction fasciste ou militaire ; pour l'État russe, c'est simplement d'empêcher que l'Allemagne, quel que soit son régime intérieur, ne se tourne contre la Russie en formant bloc avec la France. De même une révolution ouvrirait des perspectives d'avenir aux ouvriers allemands ; mais elle ne pourrait que troubler la construction de la grande industrie en Russie ; et, de plus, un mouvement révolutionnaire sérieux apporterait nécessairement un secours considérable à l'opposition russe dans sa lutte contre la dictature bureaucratique. Il est donc naturel que la bureaucratie russe, même en cet instant tragique, subordonne tout au souci de conserver sa mainmise sur le mouvement révolutionnaire allemand.

*

Ainsi les trois partis qui attirent les ouvriers allemands en déployant le drapeau du socialisme sont entre les mains, l'un, du grand capital, qui a pour seul but d'arrêter, au besoin par une extermination systématique, le mouvement révolutionnaire ; l'autre, avec les syndicats qui l'entourent, de bureaucrates étroitement liés à l'appareil d'État de la classe possédante ; le troisième, d'une bureaucratie d'État étrangère, qui défend ses intérêts de caste et ses intérêts nationaux. Devant les périls qui la menacent, la classe ouvrière allemande se trouve les mains nues.

Ou plutôt on est tenté de se demander s'il ne vaudrait pas mieux pour elle se trouver les mains nues ; les instruments qu'elle croit saisir sont maniés par d'autres, dont les intérêts sont ou contraires, ou tout au moins étrangers aux siens.

Il n'est pas étonnant dans ces conditions que la lutte entre les fractions de la bourgeoisie occupe le premier plan dans la politique intérieure allemande.

L'extrême obscurité que présentent ces luttes vient de la complexité des rapports entre le parti national-socialiste et la bourgeoisie. Quand le grand capital groupe sous son contrôle les révoltés inconscients pour les pousser contre les révolutionnaires, il peut avoir pour objet, soit d'exterminer ceux-ci, soit simplement de les paralyser.

On pouvait ainsi, fin juillet, déterminer deux perspectives.

L'une était celle d'un gouvernement fasciste. C'est là, pour la bourgeoisie, une dernière ressource ; l'avènement au pouvoir des bandes hitlériennes présente pour elle le double danger de dresser côte à côte les ouvriers social-démocrates et communistes, et de lancer dans l'action à main armée les ouvriers hitlériens, qui prennent au sérieux la propagande démagogique de leur parti. Le fascisme ne peut être nécessaire à la bourgeoisie allemande qu'au cas où les ouvriers, malgré l'absence d'organisations qui leur appartiennent réellement, menaceraient de l'empêcher de réaliser les mesures économiques qu'elle juge être d'importance vitale dans la crise présente. Il lui faudrait alors engager le combat suprême.

L'autre perspective était celle d'un « gouvernement présidentiel », comme on dit en Allemagne, appuyé sur une union nationale s'étendant des hitlériens aux social-démocrates. Une telle union est possible sur la base du capitalisme d'État. En opposition avec la théorie communiste, les social-démocrates et les hitlériens s'accordent pour affirmer que la première étape vers le socialisme est la nationalisation des banques et des industries clefs, sans transformation de l'appareil d'État ni organisation du contrôle ouvrier. Or la crise actuelle amène les capitalistes, non certes à accepter un tel programme, mais à chercher à se servir de l'appareil d'État en en faisant jusqu'à un certain point, d'une manière encore obscure pour eux-mêmes, un rouage de l'économie. Dans tous les pays, des économistes bourgeois ont écrit dans ce sens. En Allemagne, où, plus qu'en aucun autre pays, les gouvernements sont intervenus dans la vie économique, sans en excepter von Papen, qui se dit le défenseur de l'économie libérale, cette tendance a trouvé son expression économique la plus achevée dans la revue *Tat*. La revue *Tat* est l'organe de jeunes économistes brillants, représentants du capital financier, qui voient les éléments du régime à venir dans les syndicats et le parti national-socialiste. Les social-démocrates ne cachent pas qu'ils considèrent tout accroissement du pouvoir économique de l'État comme « un morceau de socialisme », et qu'ils sont prêts, pour réaliser ce qu'ils nomment le socialisme, à accepter le concours des hitlériens eux-mêmes. La bourgeoisie semble avoir ainsi un moyen d'établir une sorte de régime fasciste sans massacres ni destruction des organisations syndicales, qui deviendraient simplement une pièce de l'appareil d'État.

Aucune de ces perspectives ne s'est réalisée.

Hitler n'a pas le pouvoir. L'industrie lourde, qui le soutenait contre von Papen, l'homme des hobereaux, l'a jusqu'à un certain point abandonné ; elle a diminué les subventions qu'elle lui accorde ; elle a mis son principal organe, la *Deutsche Allgemeine Zeitung*, au service du gouvernement ; elle est intervenue auprès de

Hindenburg pour l'empêcher de donner le pouvoir à Hitler.

D'autre part, si l'Allemagne a toujours un « gouvernement présidentiel », ce gouvernement est bien loin de s'appuyer sur une coalition nationale ; au contraire, la grande bourgeoisie exceptée, il a toute la nation contre lui. Von Papen a fait comme si le parti hitlérien était un régiment de soldats de plomb qu'on peut à volonté sortir et remettre dans sa boîte ; mais, malheureusement pour la grande bourgeoisie allemande, les hitlériens ne sont pas des soldats de plomb ; ce sont des hommes révoltés et désespérés. Les ouvriers social-démocrates, eux aussi, ne peuvent être entraînés au-delà d'une certaine limite. Aussi assiste-t-on, en ce moment, à ce spectacle étrange d'un gouvernement qui reste au pouvoir malgré l'opposition violente des trois seuls partis de masse, lesquels, tous trois, hitlériens et social-démocrates aussi bien que communistes, soutiennent la vague de grèves que von Papen vient de décréter illégale. Bien que ces grèves soient de petite envergure, les organisations syndicales, si attachées à la légalité, avouent naïvement que la pression des masses les empêche de s'incliner devant ce décret.

Cette situation, exceptionnellement favorable pour les ouvriers révolutionnaires, s'ils sont capables d'en profiter, ne peut pas durer longtemps.

L'alternative qui se posait au début d'août se pose encore. Le mouvement hitlérien a perdu, il est vrai, une bonne part de son prestige en cessant d'apparaître comme la force suprême ; mais il pourrait la regagner s'il avait de nouveau le grand capital derrière lui. Si le tournant annoncé par von Papen dans la conjoncture économique ne se produit pas, si la masse grandissante des chômeurs continue à menacer la bourgeoisie d'une sorte de jacquerie, si les négociations avec la France n'apportent pas de satisfaction sérieuse aux petits-bourgeois nationalistes, la grande bourgeoisie se verra sans doute forcée d'avoir de nouveau recours à Hitler.

Or Hitler signifie le massacre organisé, la suppression de toute liberté et de toute culture.

Il y a encore un élément inconnu, en dehors de la conjoncture économique et de la diplomatie : c'est l'attitude que prendront les ouvriers allemands.

Quand on considère abstraitement l'histoire des dernières années, on est tenté de croire que la classe ouvrière allemande, qui a subi passivement toutes les défaites, n'a plus aucune ressource en elle-même. Mais il est impossible de désespérer des ouvriers allemands lorsqu'on les a approchés.

Les jeunes ouvriers aux yeux fiévreux, aux joues creuses, que l'on voit arpenter les rues de Berlin ne sont pas restés passifs parce qu'ils sont lâches ou inconscients. Qu'après des années de chômage et de misère il n'y ait parmi eux qu'un nombre relativement faible de voleurs et de criminels ; qu'ils soient restés pour la plupart hors du mouvement hitlérien ; que la propagande nationaliste ait à peine pu mordre sur eux, cela ne peut qu'exciter l'admiration. Dans cette situation désespérée, ils ont résisté à toutes les formes de désespoir.

Dans leurs moments de tristesse comme dans leurs moments de gaieté en apparence insouciante, leur maintien, leur langage restent empreints d'une gravité, ou plutôt d'un sérieux, qui les fait apparaître, non pas comme accablés par le poids de la misère, mais comme continuellement conscients du sort tragique qui est le leur. Ils n'aperçoivent pas d'issue ; mais ils ont conservé, ils conservent, dans la condition inhumaine où ils sont placés, leur dignité d'êtres humains par une vie saine et une haute culture.

Beaucoup, qui ne mangent pas à leur faim, trouvent encore quelques sous pour les organisations sportives, grâce auxquelles ils peuvent s'en aller en bandes joyeuses, hommes et femmes, garçons et filles, vers les lacs et les forêts, marcher, nager, jouir de l'air et du soleil. D'autres se privent de pain pour acheter des livres ; le commerce des livres est un de ceux qui a le moins souffert de la crise. Le niveau de culture des ouvriers allemands est quelque chose de surprenant pour un Français. En dehors des organisations politiques, il se forme spontanément, parmi les jeunes ouvriers, quelques cercles d'études, où on lit les ouvrages classiques du mouvement révolutionnaire, où on écrit, où on discute.

Ainsi, supportant une misère écrasante sans se plaindre ni chercher à s'étourdir, la meilleure partie de la classe ouvrière allemande échappe à la déchéance que constitue la condition de chômeur. La passivité même des ouvriers allemands devant les attaques de la réaction politique ne provient que de leur répugnance à se jeter dans l'aventure ; elle est signe de courage et non de désespoir. Vienne le moment où tous ensemble, ouvriers des entreprises et chômeurs, voudront se soulever, la classe ouvrière apparaîtra dans sa force avec bien plus d'éclat qu'à Paris en 1871 ou à Saint-Pétersbourg en 1905 ! Mais qui peut dire si une telle lutte ne se terminerait pas par la défaite qui a écrasé jusqu'ici tous les mouvements spontanés ?

Les événements d'Allemagne

La grève des transports de Berlin, les élections

La grève de Berlin, décidée, sur l'appel des communistes et des hitlériens, et malgré l'opposition des cadres syndicaux, par 78 % des ouvriers, faillit constituer un événement décisif.

Dans un pays où il y a presque huit millions de chômeurs, qui souffrent la plupart de la faim, une grève non soutenue par le syndicat a pu supprimer complètement, et pendant plusieurs jours, tout transport dans la capitale (le chemin de ceinture excepté). Ce résultat a été obtenu grâce à l'appui de la population ouvrière, que la nature même du métier touché par la grève amenait à prendre part à l'action : les ouvriers, les ouvrières de Berlin apportaient à manger aux membres des piquets de grève, et se joignaient à eux pour empêcher le départ des tramways et autobus conduits par des jaunes.

Un semblable mouvement, réalisant ainsi l'union spontanée des forces ouvrières dans la capitale, aurait facilement pu prendre le caractère d'une lutte contre le régime. Aussi, affolée, la *Deutsche Allgemeine Zeitung*, organe de la grande industrie, jeta-t-elle un cri d'alarme, et réclamait-elle une action vigoureuse de la police, en demandant que celle-ci fût « couverte par ses chefs même en cas d'agression ». En même temps, le *Vorwaerts* présentait tout le mouvement comme une provocation des communistes et des hitlériens unis, provocation qui pouvait, disait-il, servir de prétexte pour un ajournement des élections.

La grève, qui durait encore au moment des élections, apporta au parti communiste, à Berlin, un succès électoral foudroyant. Un gain de 138 596 voix lui permit de dépasser les hitlériens de plus de 141 000 voix, les social-démocrates de plus de 214 300 voix, alors qu'en juillet, il se plaçait au troisième rang. Les hitlériens eux-mêmes, grâce à leur participation active à la grève, perdirent beaucoup moins que dans l'ensemble du pays.

Mais le lendemain, les hitlériens, comme il était à prévoir, donnèrent le mot d'ordre de la reprise du travail, pendant que les cadres syndicaux accentuaient leur pression. Et, immédiatement, le travail reprit.

Ainsi, même à Berlin, même dans les circonstances les plus favorables, le parti communiste allemand ne remporte qu'un succès d'ordre électoral. Au moment même d'une victoire éblouissante dans les élections, les faits ont montré que la puissance du parti communiste, quand il est réduit à ses propres forces, est, dès qu'il s'agit d'une action réelle, exactement nulle.

Cela permet de mesurer la bonne foi ou la perspicacité de *L'Humanité*, selon laquelle les six millions de bulletins communistes représentent : « Six millions de combattants pour les luttes extra-parlementaires, six millions de futurs grévistes. »

L'échec de la grève des transports est d'une importance bien plus grande que les élections.

Cependant les élections sont significatives en ce sens que le « gouvernement des barons » avait en quelque sorte posé la question de confiance au peuple allemand.

La réponse est écrasante. Plus de 83 % des voix sont allées aux partis d'opposition (centre et partis communiste, social-démocrate et national-socialiste). Plus de 70 % des voix sont allées aux trois partis dont toute la propagande s'était faite, cette fois, sur ce thème commun : « Contre le gouvernement des barons ! Pour le socialisme ! »

Les deux partis de gouvernement (nationaux-allemands et populistes), soutenus par l'appareil d'État, n'ont pourtant gagné ensemble que 1 000 000 voix, évidemment venues du courant grand bourgeois qui existait, à côté d'autres courants bien différents, dans le parti hitlérien.

En dehors de cette perte prévue et normale, les hitlériens ont perdu près d'un million de voix. Preuve que leur prestige, diminué par le fait essentiel qu'ils n'ont pas le pouvoir, n'a pu être rétabli par leur démagogie révolutionnaire. Cependant, le parti hitlérien ne se désagrège pas, il s'en faut de beaucoup ; il est encore de loin le plus fort.

Le « bloc marxiste », comme disent les hitlériens, n'a perdu que 17 300 voix, ce qui, vu le nombre des abstentions, accroît légèrement son importance relative. Sa composition intérieure a changé. Comme en juillet, le parti communiste gagne et la social-démocratie perd. Comme en juillet, les gains de l'un (604 511 voix) équivalent presque exactement aux pertes de l'autre (721 818 voix). Les chiffres de ces gains et pertes atteignirent presque ceux de juillet. Le rythme s'accélère donc beaucoup. Cependant, la social-démocratie, elle aussi, est loin de se désagréger ; elle dépasse encore le parti communiste de plus de 1 200 000 voix.

Il semble probable que ceux des électeurs perdus par Hitler qui ne se sont pas ralliés au gouvernement n'ont en général pas voté, et qu'au contraire les électeurs perdus par la social-démocratie ont voté communiste.

L'échec des « barons », le succès des communistes rendent le parti hitlérien indispensable à la grande bourgeoisie. La *Deutsche Allgemeine Zeitung* s'en aperçoit de plus en plus, et non sans angoisse. Les « barons » devront disparaître, ou s'entendre avec les hitlériens. Si cette entente se fait, comment se fera-t-elle ? Par un « bloc des droites » allant du centre à Hitler ? Par un « gouvernement syndical » allant du chef syndical socialiste Leipart au national-socialiste Gregor Strasser ? La *Deutsche Allgemeine Zeitung*, c'est-à-dire l'industrie lourde, préfère la première solution. De toute manière le danger fasciste, bien qu'il ne soit peut-être pas immédiat, est aussi menaçant que jamais. Tout mouvement avorté qui, comme la grève des transports, effraye la bourgeoisie sans l'affaiblir, le rend plus aigu.

P.-S. : Nous connûmes trop tard la démission de von Papen pour pouvoir la commenter dans ce numéro.

La situation en Allemagne I

I

Tous ceux qui ont mis toute leur espérance dans la victoire de la classe ouvrière, tous ceux même qui tiennent à conserver les anciennes conquêtes de la bourgeoisie libérale doivent avoir en ce moment les yeux tournés vers l'Allemagne. L'Allemagne est le pays où le problème du régime social se pose. Pour nous, en France, et même pour les militants, le problème du régime social est un objet de discours dans les réunions, d'articles dans les journaux, de discussions dans les cafés, tout au plus d'étude théorique ; et, tout le long du jour, il est oublié en faveur des occupations courantes, des petits événements, des passions, des intérêts. Pour la plus grande partie de la population allemande, il n'y a pas de problème plus pressant, plus aigu dans la vie quotidienne.

On voit, en Allemagne, d'anciens ingénieurs qui arrivent à prendre un repas froid par jour en louant des chaises dans les jardins publics ; on voit des vieillards en faux col et en chapeau melon tendre la main à la sortie des métros ou chanter d'une voix cassée par les rues. Des étudiants quittent leurs études, et vendent dans la rue des cacahouètes, des allumettes, des lacets ; leurs camarades jusqu'ici plus heureux, mais qui n'ont pour la plupart aucune chance d'obtenir une situation à la fin de leurs études, savent qu'ils peuvent d'un jour à l'autre en venir là. Les paysans sont ruinés par les bas prix et les impôts. Les ouvriers des entreprises reçoivent un salaire précaire et misérablement réduit ; chacun s'attend à être un jour ou l'autre rejeté à cette oisiveté forcée qui est le lot de près de la moitié de la classe ouvrière allemande ; ou, pour mieux dire, à l'agitation harassante et dégradante qui consiste à courir d'une administration à l'autre pour faire pointer sa carte et obtenir des secours *(stempeln)*. Une fois chômeur, les secours, qui sont proportionnels au salaire touché avant le renvoi, diminuent et diminuent encore jusqu'à devenir à peu près nuls à mesure que s'éloigne le jour où l'on a cessé d'avoir part à la production. Un chômeur, une chômeuse habitant avec un père ou une mère, un mari ou une femme qui travaille ne reçoit rien. Un chômeur de moins de vingt ans ne reçoit rien. Cette dépendance complète où est mis le chômeur par l'impossibilité de vivre, sinon aux dépens des siens, aigrit tous les rapports de famille ; souvent cette dépendance, quand elle est rendue insupportable par les reproches de parents qui comprennent mal la situation et que la misère affole, chasse les jeunes chômeurs du logis paternel, les pousse au vagabondage, à la mendicité, parfois au suicide. Quant à fonder soi-même une famille, à se marier, à avoir des enfants, la plupart des jeunes Allemands ne peuvent même pas en avoir la pensée. Que reste-t-il au jeune chômeur qui soit à lui ? Un peu de liberté. Mais cette liberté même est menacée par l'institution de l'*Arbeitsdienst*, travail accompli sous une discipline militaire, pour une simple solde, dans des sortes de camps de concentration pour jeunes chômeurs. Facultatif jusqu'à présent, ce travail peut d'un jour à l'autre devenir obligatoire sous la pression des hitlériens. L'ouvrier, le petit-bourgeois allemand, n'a pas un coin de sa vie privée, surtout s'il est jeune, où il ne soit touché ou menacé par les conséquences économiques et politiques de la crise. Les jeunes, pour qui la crise est l'état normal, le seul qu'ils aient connu, ne peuvent même pas y échapper dans leurs rêves. Ils sont privés de tout dans le présent, et ils n'ont pas d'avenir.

C'est en cela que réside le caractère décisif de la situation, et non pas dans la misère elle-même. Le caractère décisif réside en ceci, que, d'une part, à tort ou à raison, on croit de moins en moins en Allemagne, et surtout parmi les jeunes, au caractère passager de la crise ; et que, d'autre part, à la misère générale amenée par la crise, aucun homme, si énergique, si intelligent soit-il, ne peut avoir le moindre espoir d'échapper par ses propres ressources. Une crise faible, en ne chassant guère de l'entreprise que les moins bons ouvriers, employés ou ingénieurs, laisse subsister le sentiment que le sort de chaque individu dépend en grande partie de ses efforts pour se tirer individuellement d'affaire. Une crise intense est essentiellement différente. Ici aussi « la quantité se change en qualité ». En Allemagne, aujourd'hui, presque personne, dans aucune profession, ne peut compter sur sa valeur professionnelle pour trouver ou garder une place. Ainsi chacun se sent sans cesse entièrement au pouvoir du régime et de ses fluctuations ; et inversement, nul ne peut même imaginer un effort à faire pour reprendre son propre sort en main qui n'ait la forme d'une action sur la structure même de la société. Pour presque chaque Allemand, du moins dans la petite bourgeoisie et la classe ouvrière, les perspectives bonnes ou mauvaises concernant les aspects même les plus intimes de sa vie propre se formulent immédiatement, surtout s'il est jeune, comme des perspectives concernant l'avenir du régime. Ainsi la somme d'énergie qui est d'ordinaire, dans un peuple, absorbée presque tout entière par diverses passions et par la défense des intérêts privés, se trouve, en ce moment, en Allemagne, porter sur les rapports économiques et politiques qui constituent l'ossature même de la société.

La situation, en Allemagne, peut donc être dite révolutionnaire. Le signe le plus apparent en est que les pensées et les conversations de chacun, y compris les enfants de onze ans, se portent constamment et naturellement sur le problème du régime social, et avec le sérieux et la sincérité propres aux Allemands. Mais on ne voit pas de signe précurseur de la révolution dans les actes. La vague de grèves qui vient de parcourir l'Allemagne, au lieu d'embraser le pays, s'est éteinte grève après grève, y compris cette grève de transports qui avait semblé devoir soulever Berlin. Cependant la situation actuelle dure depuis déjà longtemps. Il faut comprendre que la crise pose le problème d'un nouveau régime de la production, non pas, comme pour les Russes en 1917, voilé par d'autres problèmes en apparence plus faciles, mais brutalement, directement, et devant une classe ouvrière non homogène. Les chômeurs, les jeunes surtout, sont presque tous amenés, un moment ou l'autre, par cette crise qui leur ôte toute perspective, à sentir que la seule issue est la transformation du régime de production, mais, à mesure que pour chacun d'eux le chômage se prolonge, cette même crise finit trop souvent par lui ôter la force de chercher en général une issue. Cette vie d'oisiveté et de misère, qui ôte à l'ouvrier qualifié son habileté, aux jeunes toute possibilité d'apprendre un métier, qui prive les ouvriers de leur dignité de producteurs, qui amène enfin – et c'est ce qu'elle a de pire – après deux, trois, quatre ans, une sorte de douloureuse accoutumance, cette vie ne prépare pas à assumer les responsabilités de tout le système de production. Ainsi la crise amène sans cesse de nouvelles couches ouvrières à la conscience de classe, mais sans cesse aussi les retire, comme la mer amène et retire ses vagues. Le prolétariat allemand est affaibli aussi par le nombre des employés de bureau, nombre qui a été accru par le capitalisme allemand, en période de prospérité, avec la même prodigalité folle qu'il a mise à bâtir ses usines et à renouveler son outillage. Car les employés de bureau, qui forment ainsi une partie considérable des salariés et des chômeurs allemands, sont peu enclins à se serrer autour des ouvriers, et incapables, par leur métier même, de vouloir prendre leur sort en leurs propres mains. Enfin il y a une coupure entre les ouvriers des entreprises et les chômeurs. Les ouvriers des entreprises peuvent, malgré tout, vivre à la rigueur dans le régime, ils ont quelque chose à perdre et s'y raccrochent ; ils sont, eux aussi, à la merci des remous de la crise, mais peuvent, contrairement aux chômeurs, ne pas en avoir conscience à tout instant. Ce défaut de solidarité ôte aux chômeurs toute prise sur l'économie, en même temps qu'il prive en partie les ouvriers des entreprises de la sécurité nécessaire aux luttes. Ainsi la crise, si elle force presque chaque ouvrier ou petit-bourgeois allemand à sentir, un moment ou l'autre, toutes ses espérances se briser contre la structure même du système social, ne groupe pas par elle-même le peuple allemand autour des ouvriers résolus à transformer ce système. Seule une organisation peut remédier à cette faiblesse. Parmi les organisations qui groupent en si grand nombre les ouvriers allemands, y en a-t-il une qui y remédie en effet ?

C'est là une question de vie et de mort, au sens le plus littéral, pour bien des ouvriers allemands. Lénine, en octobre 1917, remarquait que les périodes révolutionnaires sont celles où les masses inconscientes, tant qu'elles ne sont pas entraînées par l'action dans le sillage des ouvriers conscients, absorbent le plus avidement les poisons contre-révolutionnaires. Le mouvement hitlérien en est un nouvel exemple. Et, en dépit des défaites électorales, tant que la crise durera et qu'un mouvement révolutionnaire n'aura pas triomphé, les troupes d'assaut hitlériennes, derrière lesquelles peut se trouver d'un jour à l'autre l'appareil d'État, constituent une menace permanente d'extermination pour les meilleurs ouvriers. Mais, même en dehors de l'éventualité d'une extermination systématique, la crise elle-même, pour peu qu'elle dure encore quelque temps, détruira des générations d'ouvriers allemands, et plus particulièrement les jeunes générations. Déjà, parmi ceux qui ont pu survivre à trois ou quatre ans de chômage, les moins résistants sont amoindris au moral et au physique par la misère et l'oisiveté. Il va falloir traverser un hiver peut-être rigoureux, sans feu, sans repas chauds ; et après cet hiver peut-être un autre encore. Ceux qui n'y mourront pas y laisseront leur santé et leur force. Et la vie des ouvriers allemands est d'importance vitale aussi pour nous. Car, dans cette décomposition de l'économie capitaliste qui menace de détruire, sous une vague de réaction, les conquêtes des ouvriers dans les pays démocratiques et peut-être même en URSS, notre plus grand espoir réside dans cette classe ouvrière allemande, la plus mûre, la plus disciplinée, la plus cultivée du monde ; et plus particulièrement dans la jeunesse ouvrière d'Allemagne.

Rien n'est plus écrasant que la vie de dépendance, d'oisiveté et de privations qui est faite aux jeunes ouvriers allemands ; et l'on ne peut rien imaginer de plus courageux, de plus lucide, de plus fraternel que les meilleurs d'entre eux, en dépit de cette vie. Le vol, le crime, ont, malgré la misère, peu de prise en somme ; l'agitation fasciste de son côté a relativement peu d'influence sur cette jeunesse. Ils ne cherchent pas à s'étourdir ; ils ne se plaignent pas ; ils résistent, dans cette situation sans espoir, à toutes les formes de désespoir. Ils cherchent en général avec plus ou moins d'énergie, et les meilleurs y arrivent pleinement, à se faire, dans la condition inhumaine où ils sont placés, une vie humaine. Ils n'ont pas de quoi manger à leur faim ; mais beaucoup se privent de ce qui est nécessaire à la vie pour se procurer ce qui la rend digne d'être vécue. Ils trouvent quelques sous pour rester dans les organisations sportives qui les emmènent, garçons et filles, en bandes, malgré tout joyeuses, aux forêts, aux lacs, se livrer aux joies saines et gratuites que procurent l'eau, l'air, le soleil. Ils rognent sur la nourriture pour acheter des livres ; certains forment des cercles d'études où on lit les classiques du mouvement révolutionnaire, où on écrit, où on discute. Il n'est pas rare de trouver parmi eux des esprits plus cultivés que certains bourgeois soi-disant instruits de chez nous. Mais ce qui est plus frappant encore, c'est le degré auquel cette jeunesse est consciente d'elle-même. Il n'y a en France que des jeunes et des vieux : là-bas, il y a une jeunesse. Chez ces jeunes ouvrières au teint bronzé, chez ces jeunes ouvriers aux yeux fiévreux, aux joues creuses, que l'on voit arpenter les rues de Berlin, l'on sent à tous moments, sous la tristesse comme sous l'insouciance apparente, un sérieux qui est le contraire du désespoir, une pleine et continuelle conscience du sort tragique qui leur est fait ; une continuelle conscience du poids dont pèse sur eux, de manière à écraser toutes leurs aspirations, ce vieux régime qu'ils n'ont pas accepté. Le fait que le régime, en cette période de crise, les prive complètement de ces perspectives d'avenir qui sont le privilège naturel de la jeunesse rend, par contraste, plus aiguë la conscience qu'ils ont de renfermer en eux un avenir. Et ils renferment en eux un avenir. Si notre régime en décomposition contient des hommes capables de nous donner quelque chose de nouveau, c'est cette génération de jeunes ouvriers allemands. À condition toutefois que les bandes fascistes, ou plus simplement le froid et la faim, ne leur ôtent pas soit la vie, soit du moins cette énergie qui est le ressort de la vie.

Nous ne sommes, nous ne pouvons guère être que spectateurs dans ce drame. Portons-y du moins l'attention qu'il mérite ! Et tout d'abord faisons le bilan de la situation, établissons le rapport des forces !

II

Le 6 novembre, alors que la grande bourgeoisie massait toutes ses forces derrière le gouvernement von Papen, 70 % des votants se sont prononcés pour les mots d'ordre : « Contre le gouvernement des barons ! Contre les exploiteurs ! Vers le socialisme ! » Et la grande bourgeoisie continue à régner sur l'Allemagne. Pourtant, sept dixièmes de la population, c'est une force pour le socialisme ! Mais ces sept dixièmes se partagent entre trois partis.

De ces trois partis, le plus fort de beaucoup est le parti national-socialiste. Bien que, du 31 juillet au 6 novembre, il ait perdu des voix, il groupait encore derrière lui, à cette dernière date, le tiers des votants. Le caractère fondamental du mouvement national-socialiste, et qui le rend presque incompréhensible pour un Français, c'est l'incohérence ; une incohérence inouïe, qui n'est qu'un reflet de l'incohérence essentielle au peuple allemand dans sa situation présente. Incohérence, d'abord, dans la composition sociale du mouvement. Toute crise grave soulève, dans toutes les couches d'une population, les plus hautes exceptées, des masses en révolte ; parmi ces masses, il se trouve des hommes qui sont capables d'être les artisans conscients et responsables d'un régime nouveau. Mais il y a, en plus grand nombre, des hommes inconscients et irresponsables, qui ne savent que désirer aveuglément la fin du régime qui les écrase. Groupés derrière les premiers, ils constituent une force révolutionnaire ; mais si un homme arrive, comme c'est le cas pour Hitler, à en grouper à part la plus grande partie, ils tombent nécessairement sous le contrôle du grand capital, au service duquel ils forment des bandes armées pour la pire réaction, pour la dictature, pour les pogroms. Telle étant la nature du mouvement hitlérien, il groupe ceux qui sentent le poids du régime sans pouvoir compter sur eux-mêmes pour le transformer ; la plupart des intellectuels, de larges masses dans la petite bourgeoisie de la ville et des champs, presque tous les ouvriers agricoles ; enfin un certain nombre d'ouvriers des villes, presque tous chômeurs. Parmi ces derniers, qui sont au moins en partie dans les troupes d'assaut en qualité de simples mercenaires, on trouve beaucoup d'adolescents de quinze à dix-huit ans, qui appartiennent à peine à la classe ouvrière ; car ils ont trouvé la crise au sortir de l'école, et, pour eux, il n'a jamais été même question de travailler. Si on ajoute de grands bourgeois, la plupart dans la coulisse, mais quelques-uns membres du parti, et un ou deux princes, on aura un tableau complet du mouvement hitlérien.

La propagande n'est pas moins incohérente. On attire les jeunes garçons romanesques par des perspectives de luttes héroïques, de dévouement, et les brutes par la promesse implicite qu'ils pourront un jour frapper et massacrer à tort et à travers. On promet aux campagnes de hauts prix de vente, aux villes la vie à bon marché. Mais l'incohérence de la politique hitlérienne apparaît surtout dans les rapports entre le parti national-socialiste et les autres partis. Le parti avec lequel les hitlériens ont un lien essentiel, c'est le parti national-allemand, celui de la grande bourgeoisie, celui qui soutient les « barons » ; comme les « barons », les hitlériens ont pour but fondamental la lutte à mort contre le mouvement communiste, l'écrasement de toute résistance ouvrière ; ils se proclament défenseurs de la propriété privée, de la famille, de la religion, et adversaires irréductibles de la lutte des classes. Mais ils se trouvent séparés des partis de la grande bourgeoisie par la composition sociale du mouvement, par la démagogie qui en résulte, et par les ambitions personnelles des chefs. Et, d'autre part, il se trouve, si surprenant que cela puisse sembler, entre le mouvement hitlérien et le mouvement communiste, des ressemblances si frappantes qu'après les élections la presse hitlérienne a dû consacrer un long article à démentir le bruit de pourparlers entre hitlériens et communistes en vue d'un gouvernement de coalition. C'est que, du mois d'août au 6 novembre, les mots d'ordre des deux partis ont été presque identiques. Les hitlériens, eux aussi, déclament contre l'exploitation, les bas salaires, la misère des chômeurs. Leur mot d'ordre principal, c'est « contre le système » ; la transformation du système, eux aussi l'appellent révolution ; le système à venir, eux aussi l'appellent socialisme. Bien que le parti hitlérien nie la lutte des classes, et qu'il emploie souvent ses troupes d'assaut à briser les grèves, il peut fort bien aussi, comme on l'a vu lors de la grève des transports de Berlin, publier, en faveur d'une grève, des articles de la dernière violence, lancer des mots d'ordre impliquant une lutte acharnée des classes, traiter les réformistes de traîtres. Quant aux social-démocrates, que les hitlériens accusent de trahir à la fois l'Allemagne, comme internationalistes, et le prolétariat, comme réformistes, il y a entre eux et le national-socialisme un point commun, qui est d'importance : c'est le programme économique. Pour le parti national-socialiste comme pour la social-démocratie, le socialisme n'est que la direction d'une partie plus ou moins considérable de l'économie par l'État, sans transformation préalable de l'appareil d'État, sans organisation d'un contrôle ouvrier effectif ; c'est, par suite, un simple capitalisme d'État. Sur cette communauté de vues se fonde une tendance vers un gouvernement qui se transformerait, d'une manière encore indéterminée, en un rouage essentiel de l'économie, en s'appuyant à la fois sur les syndicats social-démocrates et sur le mouvement national-socialiste. Leipart, dans la bureaucratie syndicale ; Gregor Strasser, chez les hitlériens, soutiennent cette tendance, que défendent, au nom du capital financier, quelques jeunes et brillants économistes groupés autour de la revue *Die Tat*, et dont le principal représentant est, dit-on, von Schleicher lui-même.

Ce mouvement si disparate semble, à première vue, trouver une sorte d'unité dans le fanatisme nationaliste, qui va jusqu'à l'hystérie chez certaines petites-bourgeoises, et au moyen duquel on essaye de ressusciter l'union sacrée d'autrefois, baptisée « socialisme du front ». Mais on n'y réussit guère. La propagande nationaliste ne se suffit pas à elle-même. Les hitlériens doivent profiter du sentiment commun à tous les Allemands, que leur peuple n'est pas seulement écrasé par l'oppression du capitalisme allemand, mais aussi par le poids supplémentaire dont pèse, sur toute l'économie allemande, l'oppression des nations victorieuses ; et ils s'efforcent de faire croire, d'une part que ce dernier poids est de beaucoup le plus écrasant, d'autre part que le caractère oppressif du capitalisme allemand est dû uniquement aux Juifs. Il en résulte un patriotisme bien différent du nationalisme sot et cocardier que nous connaissons en France ; un patriotisme fondé sur le sentiment que les nations victorieuses, et surtout la France, représentent le système actuel, et l'Allemagne, toutes les valeurs humaines écrasées par le régime ; sur le sentiment, en somme, d'une opposition radicale entre les termes d'Allemand et de capitaliste. On ne peut qu'admirer la puissance de rayonnement que possède en ce moment, en Allemagne, le prolétariat, quand on voit que le parti hitlérien, qui est aux mains de la grande bourgeoisie et recrute surtout des petits-bourgeois, doit présenter le patriotisme même comme une simple forme de la lutte contre le capital. Ce qui est plus beau encore, c'est que, dans une semblable situation, cette propagande ait en somme peu de prise sur les ouvriers, y compris les ouvriers hitlériens. Ceux-ci, dans leurs discussions fréquentes, et parfois presque amicales, avec les communistes, les raillent bien pour leurs illusions concernant une soi-disant solidarité internationale qui n'existe pas ; ils ne les accusent pas de trahir la patrie. Même quand ils combattent les communistes, les ouvriers hitlériens laissent en général la question nationale au second plan, et restent sur le terrain des intérêts ouvriers. Ils accusent le gouvernement russe de rendre les ouvriers russes malheureux, alors que Hitler rendrait les ouvriers allemands heureux, en donnant à chacun un lopin de terre, et en les protégeant paternellement contre les exigences exagérées du patronat ; et ils reprochent amèrement aux communistes allemands de trahir la révolution, quand ils se rangent aux côtés des social-démocrates, ces soutiens du régime, contre eux, ouvriers hitlériens, qui se croient sincèrement de bons révolutionnaires.

En somme la propagande hitlérienne, tout en donnant aux ouvriers qu'elle touche les idées les plus confuses, et en les empêchant d'atteindre à une véritable conscience de classe, leur laisse leur esprit ouvrier. Un ouvrier allemand, même hitlérien, reste avant tout un ouvrier. Et surtout les jeunes ouvriers gardent intact, dans le mouvement hitlérien, ce sentiment qui est au cœur de toute la jeunesse ouvrière allemande, ce sentiment impérieux d'un avenir qui leur appartient, auquel ils ont droit, dont les coupe impitoyablement le système social, et pour lequel il leur faut briser le système. Les petits-bourgeois hitlériens, de leur côté, restent des petits-bourgeois, ballottés entre l'influence de la grande bourgeoisie, et l'influence, nettement plus forte en ce moment, du prolétariat. Les grands bourgeois restent, dans le mouvement hitlérien, de grands bourgeois, les aristocrates des aristocrates ; quant aux simples brutes qui, quelle que soit leur classe sociale, y sont facilement attirées, elles restent de simples brutes ; Hitler est arrivé à réunir, dans son mouvement, toutes les classes ; il n'est nullement arrivé à les fondre. Mais, plus ce parti est disparate, plus sa politique comporte de contradictions essentielles, plus il faut que quelque chose maintienne ces éléments si divers en un seul bloc. Mais quoi ?

Ce qui unit les membres du mouvement hitlérien, c'est tout d'abord l'avenir que celui-ci leur promet. Quel avenir ? Un avenir qui n'est pas décrit, ou l'est de plusieurs manières contradictoires, et peut être ainsi pour chacun de la couleur de ses rêves. Mais, ce dont on est sûr, c'est que ce sera un système neuf, un « troisième Reich », quelque chose qui ne ressemblera ni au passé ni surtout au présent. Et ce qui attire, vers cet avenir confus, intellectuels, petits-bourgeois, employés, chômeurs, c'est qu'ils sentent, dans le parti qui le leur promet, une force. Cette force éclate partout, dans les défilés en uniforme, dans les attentats, dans les avions employés pour la propagande ; et tous ces faibles vont vers cette force comme des mouches vers la flamme. Ils ne savent pas que, si cette force apparaît comme si puissante, c'est qu'elle est la force, non de ceux qui préparent l'avenir, mais de ceux qui règnent sur le présent. La perspective d'un avenir indéterminé, le sentiment d'une force inconnue, en voilà plus qu'il ne faut pour conduire, en bandes disciplinées, ces désespérés, qui ont soif d'une transformation sociale, au massacre de tous ceux qui préparent cette transformation.

Mais ce danger n'est-il pas écarté ? Le mouvement hitlérien n'est-il pas en pleine décadence ? Et les ouvriers hitlériens ne sont-ils pas convertis à la pratique de la lutte des classes ?

Sans aucun doute le mouvement hitlérien est affaibli. Cet affaiblissement est moins dû à la résistance ouvrière qu'aux luttes des fractions bourgeoises. En juillet les hobereaux ont placé en face de Hitler, au lieu du faible gouvernement de Brüning, le gouvernement autoritaire de von Papen. En août, l'industrie lourde, sans tout à fait abandonner Hitler, est venue, elle aussi, se ranger derrière von Papen. Dès que Hitler a cessé d'apparaître comme la plus grande force, il a perdu une bonne partie de son prestige ; c'est ce qui explique son recul le 6 novembre. Mais, vis-à-vis de la grande bourgeoisie, cet affaiblissement rapide constitue un moyen de chantage qui est une force. La grande bourgeoisie voudrait se servir de Hitler sans lui livrer le gouvernement. Mais, si elle continuait à le laisser à l'écart, comme elle a fait d'août à décembre, le mouvement hitlérien se décomposerait, et elle se trouverait isolée, coupée des masses, devant la vague grandissante du mécontentement ouvrier. En dépit de ses mitrailleuses, elle serait sans doute alors perdue, à moins d'un retour rapide de la prospérité industrielle, fort improbable en Allemagne. Il faut d'autant moins espérer une tactique aussi folle, de la part de la grande bourgeoisie, que la *Deutsche Allgemeine Zeitung*, organe de l'industrie lourde, ne cesse, depuis le début de novembre, de mettre en garde contre ce péril, et de demander une concentration nationale. Von Schleicher va essayer d'avoir l'appui plus ou moins avoué, soit des hitlériens seuls, en vue d'un bloc national, soit des hitlériens et des syndicats ensemble, en vue d'un « gouvernement syndical ». Si les hitlériens, sous l'influence des sentiments révolutionnaires de la base et des ambitions personnelles des chefs, refusent toute négociation, on ne voit pas d'autre issue, pour la grande bourgeoisie, qu'un gouvernement hitlérien ; c'est-à-dire la suppression des organisations ouvrières et le massacre organisé.

Quant aux actions révolutionnaires des hitlériens, toute illusion à ce sujet serait dangereuse. Elles constituent, elles aussi, un moyen de chantage vis-à-vis de la grande bourgeoisie. Le parti hitlérien a soutenu, avec les communistes, la vague de grèves qui a répondu aux décrets-lois de von Papen, et en particulier cette grève des transports qui a bouleversé Berlin au début de novembre, à laquelle toute la population a pris part et qui a fait pousser à la *Deutsche Allgemeine Zeitung* des cris d'alarme. C'était là un moyen, pour le parti national-socialiste, à la fois d'acquérir des voix ouvrières et de rappeler à la grande bourgeoisie qu'il lui était indispensable ;

et, si l'on juge par les commentaires de la *Deutsche Allgemeine Zeitung*, cela réussit parfaitement. Au lendemain des élections, la grève, combattue déjà depuis plusieurs jours par la bureaucratie syndicale, devenait, pour Hitler aussi, embarrassante et dangereuse ; elle se termina aussitôt, et par une défaite. La veille encore, la presse hitlérienne lançait des mots d'ordre identiques à ceux des communistes ; le lendemain, elle commençait une série d'articles retentissants, destinés à prouver que Hitler seul pouvait anéantir le communisme en Allemagne. Quant aux grévistes eux-mêmes, le fait que des ouvriers hitlériens sont en grève ne garantit nullement, tant que la grève ne constitue pas une infraction à la discipline du parti, que ces mêmes ouvriers ne mettront pas la même violence, quelques mois plus tard, à réprimer des grèves ; il suffirait que le parti hitlérien ait, entre-temps, pris part au pouvoir. Et ces ouvriers croiraient continuer à servir leur classe, tout comme l'ont cru, à meilleur titre, les ouvriers bolcheviks qui, après octobre, ont réprimé des mouvements anarchistes. Ainsi, pour les communistes, le fait d'avoir entraîné des ouvriers hitlériens à leurs côtés dans une lutte ne constitue pas un succès, tant qu'ils ne les ont pas détachés de leur parti. On peut même dire que le front unique entre communistes et ouvriers hitlériens, tant qu'il ne s'étend pas aux ouvriers social-démocrates, augmente, aux yeux des masses ouvrières, le prestige de Hitler ; les élections du 6 novembre l'ont montré à Berlin.

Il n'y a qu'un moyen, pour les ouvriers conscients, de vaincre le mouvement hitlérien ; c'est, d'une part, de faire comprendre aux masses qu'un mouvement nationaliste, fondé sur l'union des classes, ne peut apporter aucun système nouveau ; d'autre part, de leur faire sentir l'existence, en face de la force hitlérienne, d'une autre force, celle du prolétariat groupé dans ses organisations propres.

Mais, dès qu'on a énoncé ce programme, on s'étonne qu'il ne soit pas déjà rempli, et le mouvement hitlérien décomposé. Nul peuple n'est plus accessible à la bonne propagande que le peuple allemand, qui lit et réfléchit tant. Quant à la question de force, les syndicats allemands groupent quatre millions d'ouvriers, et il y a eu, le 6 novembre, six millions de voix communistes.

Que manque-t-il au mouvement ouvrier allemand ? Pour le comprendre il faut l'examiner sous son double aspect, réformiste et révolutionnaire.

III

LE RÉFORMISME ALLEMAND

À la révolution, écrivait Marx en 1848, « les prolétaires n'ont rien à perdre, que leurs chaînes. Et c'est un monde qu'ils ont à y gagner ». Le réformisme repose sur la négation de cette formule. La force du réformisme allemand repose sur le fait que le mouvement ouvrier allemand est le mouvement d'un prolétariat pour qui, longtemps, cette formule ne s'est pas vérifiée ; qui, longtemps, a eu à l'intérieur du régime quelque chose à conserver.

Le mouvement ouvrier, qui, de 1792 à 1871, s'était développé surtout en France, et sous une forme aventureuse, violente, presque toujours illégale, et d'ailleurs anarchique, a trouvé, après 1871, une sorte de patrie dans l'Allemagne ; mais, là, il a pris une forme prudente, méthodique, soigneusement organisée et presque toujours légale. Les ouvriers allemands se sont organisés au début de la période impérialiste ; ils ont profité de ce nouvel essor de l'économie capitaliste pour conquérir, dans les cadres du régime, une condition plus humaine. Interrompu par la misère de la guerre et de l'après-guerre, et l'essor révolutionnaire qui en a résulté, ce mouvement a repris après octobre 1923, une fois que cet essor révolutionnaire se fût brisé ; et il trouva, de 1924 à 1929, un excellent terrain de développement dans une Allemagne à qui la prospérité économique donnait en quelque sorte le vertige. On peut dire qu'en Allemagne l'organisation ouvrière dans les limites de la légalité capitaliste a donné sa pleine mesure. Les résultats ne sont pas à dédaigner. En ce moment, malgré plus de quatre ans de crise, la

Confédération générale du travail compte, là-bas, plus de quatre millions de membres ; les entreprises qui n'emploient que des syndiqués ne sont pas rares ; les industries-clefs, les chemins de fer, les entreprises d'État sont, par la proportion des ouvriers syndiqués qui y travaillent, aux mains de la Confédération. Cette organisation formidable a assuré aux ouvriers allemands, pendant la période de bonne conjoncture, des salaires assez élevés. Mais le groupement des ouvriers dans l'entreprise n'est qu'une partie de l'activité déployée par les syndicats allemands pour augmenter le bien-être des ouvriers. Les cotisations servent à alimenter des caisses de secours nombreuses et très riches. D'autre part des bibliothèques syndicales, des écoles syndicales où des ouvriers, choisis par les syndicats, peuvent séjourner aux frais des caisses syndicales, des associations de libres penseurs et des groupements sportifs qui sont organiquement liés aux syndicats permettent aux ouvriers de consacrer leurs loisirs à la culture de l'esprit et du corps. Tout cela est organisé de manière à exciter l'admiration, et installé dans de somptueux bâtiments où l'on retrouve la même prodigalité presque folle que les capitalistes ont déployée de leur côté au moment de la bonne conjoncture. Il faut reconnaître que le réformisme allemand a merveilleusement accompli sa tâche qui consiste à aménager la vie des ouvriers aussi humainement qu'il est possible de le faire à l'intérieur du régime capitaliste. Il n'a pas délivré les ouvriers allemands de leurs chaînes, mais il leur a procuré des biens précieux ; un peu de bien-être, un peu de loisir, des possibilités de culture.

Mais les organisations syndicales allemandes n'ont pas seulement dû s'adapter aux conditions créées par le régime ; par la force des choses, elles se sont liées au régime par des liens qu'elles ne peuvent briser. Elles se sont développées avec le régime, elles en ont pour ainsi dire épousé les formes ; elles ne peuvent exister qu'à l'intérieur du système capitaliste, et à l'ombre du pouvoir qui est le gardien de l'ordre actuel, du pouvoir d'État. Il va de soi que pour ces bureaux, ces écoles, ces bibliothèques qui s'étalent dans de si beaux bâtiments, une existence illégale n'est même pas concevable. Quant aux caisses syndicales, leur richesse même les met sous la dépendance de l'État, gardien des capitaux.

« Les biens des syndicats, écrit l'organe syndical *Die Arbeit*, sont, pour la plupart, placés en bons hypothécaires. Pour se procurer des disponibilités, les syndicats sont obligés d'engager ces bons à la Reichsbank, ou de les vendre en Bourse. Le gouvernement peut fermer ces deux voies si les syndicats dépensent cet argent, non pas pour des secours sociaux, mais pour financer de grandes luttes. »

Ainsi les syndicats sont enchaînés à l'appareil d'État par des chaînes d'or ; et par ces mêmes chaînes d'or, qu'ils ont eux-mêmes forgées, les ouvriers sont, à leur tour, enchaînés à l'appareil syndical, et, par cet intermédiaire, à l'appareil d'État. Car l'exclusion, arme fréquemment employée par l'appareil syndical contre les ouvriers qui voudraient l'orienter vers la lutte contre l'État, constitue une véritable peine ; l'ouvrier exclu perd ses droits à l'assistance de ces caisses de secours pour lesquelles il a versé des cotisations si lourdes. Quant aux organisations qui sont liées à la confédération syndicale, elles adoptent nécessairement, à l'égard de l'État, une attitude analogue. C'est le cas du parti social-démocrate. Les syndicalistes purs essayent parfois de rejeter la responsabilité de la ligne politique suivie par les syndicats allemands sur la social-démocratie, dont sont membres tous les militants du mouvement syndical. Mais, dès avant la guerre, les syndicats allemands étaient bien plus éloignés encore que la social-démocratie d'une attitude de combat à l'égard du régime ; et aujourd'hui, il en est encore de même. Loin que le parti social-démocrate dirige le mouvement syndical, on peut dire qu'il est plutôt l'expression parlementaire des relations qui existent entre l'appareil syndical et l'appareil d'État ; l'on verra que les événements des 20 et 21 juillet 1932 en fournissent l'exemple. C'est la structure même des syndicats allemands qui leur interdit de se détacher du système social actuel, sous peine de se briser. Vienne une étape de l'économie capitaliste où la formule de Marx se trouve vérifiée, où le régime prive les ouvriers de tout, sauf de leurs chaînes, il est impossible que les syndicats allemands changent de destination et deviennent des instruments propres à briser le régime ; pas plus qu'une lime ne peut, en cas de besoin, se transformer en marteau.

Or ce moment semble venu. Ou du moins il est incontestable que, pour la durée de la crise et, d'une manière générale, dans la mesure où l'économie capitaliste est destinée, même après la fin de la crise actuelle, à demeurer, comme la plupart des gens le pensent, dans un état de crise latent, la formule citée plus haut est vérifiée. Et, à mesure que la crise secouait plus durement le régime capitaliste, les syndicats allemands, loin de se détacher du régime, se sont en effet accrochés de plus en plus peureusement au seul élément de stabilité, au pouvoir d'État.

Il y a plusieurs années déjà que la confédération syndicale allemande a ouvertement subordonné son action à l'État en acceptant ce que les Allemands appellent le « principe des tarifs ». Selon ce principe, tout contrat de travail a force de loi, tout conflit est obligatoirement porté devant un tribunal d'arbitrage dont la décision a également force de loi. Si les ouvriers veulent faire grève sans que les patrons aient violé les conditions imposées par le contrat de travail ou la décision arbitrale, les syndicats, liés par la *« Friedenspflicht »* (littéralement : devoir de paix) doivent s'y opposer, sous peine de tomber dans l'illégalité. Bien entendu, l'appareil syndical respecte scrupuleusement la « *Friedenspflicht* », non seulement en privant de secours toutes les grèves dites « sauvages », c'est-à-dire non approuvées par le syndicat, mais encore en excluant, de temps en temps, les syndiqués qui y participent. Cette loi des tarifs, qui devait, disait-on, protéger les ouvriers contre l'arbitraire patronal, a, en fait, servi de bouclier aux entrepreneurs dans leurs attaques contre les salaires. Quant au parti social-démocrate, on sait comment, de son côté, sous le gouvernement Brüning, il a constamment capitulé ; au moment du renouvellement des contrats de travail, il a laissé Brüning diminuer tous les salaires par décret-loi. Le résultat de cette politique, c'est qu'au moment où Brüning perdait le pouvoir, les ouvriers des entreprises avaient passé, presque sans résistance, d'un niveau de vie assez élevé à une condition misérable.

Vinrent le gouvernement von Papen et le coup d'État du 20 juillet, qui, en chassant brutalement la social-démocratie du gouvernement de Prusse, lui ôta ce qui lui restait de pouvoir politique. On attendait une vigoureuse résistance. En 1920, la social-démocratie allemande avait montré, lors du coup d'État de Kapp, combien elle était capable de vigueur. En juillet 1932, elle resta inerte. Pourquoi ? Dans des conversations particulières, les militants des syndicats s'en expliquaient ainsi, dévoilant du même coup les rapports véritables entre la social-démocratie, les organisations syndicales et l'État :

« Le salut de nos organisations, c'est la considération qui prime toutes les autres à nos yeux. La réaction politique, en elle-même, ne les met aucunement en péril. Dans l'étape présente de son développement, c'est l'économie capitaliste elle-même qui a besoin des syndicats ouvriers. Quant à Hitler, nous ne le craignons pas ; s'il tentait un coup d'État, il trouverait devant lui nous-mêmes d'un côté, et l'appareil gouvernemental de l'autre. »

La conclusion était que la seule chose à craindre, pour les organisations syndicales, c'est une lutte entre elles et l'État, lutte où elles seraient infailliblement brisées.

Les syndicats durent pourtant sortir de leur passivité quand les décrets-lois des 4 et 5 octobre autorisèrent les entrepreneurs, en certains cas, à abaisser les salaires au-dessous du tarif indiqué par le contrat de travail. L'une après l'autre, les entreprises touchées par le décret firent grève. Les syndicats approuvèrent ces grèves dans la mesure où elles s'appuyaient sur le principe des tarifs, et, par suite, n'étaient pas contraires à la *« Friedenspflicht »* ; mais, toujours pour respecter la *« Friedenspflicht »*, les syndicats firent ouvertement tout ce qu'ils purent pour empêcher chaque grève, soit de s'étendre à d'autres objectifs que la lutte contre le décret-loi, soit de sortir des limites de l'entreprise en se liant avec les mouvements parallèles. Ils y réussirent, et d'autant plus facilement que les patrons, alléchés par les primes à la production que venait d'établir von Papen, cédaient en général tout de suite. Certains entrepreneurs eurent recours au tribunal d'arbitrage, qui, bien entendu, leur donnait raison ; le syndicat, toujours en vertu de la « *Friedenspflicht* », brisait alors la grève. La grève ne fut difficile à briser que dans un cas, celui du fameux mouvement des transports de Berlin ; communistes et hitlériens unis réussirent alors à arrêter complètement, et pendant plusieurs jours, tramways, autobus et métros ; mais, le 8 novembre, les grévistes des transports reprenaient à leur tour le travail, et sans avoir rien obtenu.

La crise ministérielle déterminée par les élections du 6 novembre marque le début d'une nouvelle étape dans l'histoire des rapports entre le réformisme allemand et l'État. La social-démocratie annonçait qu'elle combattrait von Papen par tous les moyens, s'il revenait au pouvoir ; elle laissait entendre que son opposition contre von Schleicher serait plus modérée. Quand von Schleicher fut chancelier, Leipart, un chef de la bureaucratie syndicale, dit à l'envoyé spécial d'*Excelsior* : « Nous n'avons rien à reprocher au chancelier de son passé politique ; la question sociale est au premier plan de ses préoccupations[1]. » Pour apprécier ces paroles, il faut savoir que c'est von Schleicher qui a fait rendre aux troupes d'assaut hitlériennes le droit de porter l'uniforme, et qui a organisé le coup d'État du 20 juillet. Leipart annonça que les syndicats étaient prêts à accorder une trêve à von Schleicher s'il organisait des travaux pour les chômeurs, abolissait les décrets-lois par lesquels von Papen avait diminué les salaires et les secours de chômage, renonçait à modifier la loi électorale et la Constitution. Cependant, jusqu'ici, la social-démocratie et von Schleicher n'ont rien fait pour se rapprocher ; chacun reste sur ses positions, l'une avec ses revendications sociales, l'autre avec ses déclarations d'attachement à l'égard de l'économie traditionnelle et de von Papen. Peut-être y a-t-il des négociations souterraines. En tout cas, de part et d'autre, on attend.

Comment s'orientera le réformisme allemand ? La crise lui fait perdre en grande partie son efficacité, non seulement du point de vue du prolétariat, mais aussi du point de vue des capitalistes. Quand la bourgeoisie est en mesure de laisser aux ouvriers quelque bien-être, elle peut

1. Leipart a, par la suite, démenti cette interview, le journaliste maintient ses dires. Tout ce qu'on peut affirmer à ce sujet, c'est que les paroles rapportées par l'*Excelsior* sont tout à fait conformes à la réputation de Leipart en Allemagne.

compter sur ces biens qu'ils possèdent à l'intérieur du régime pour les attacher au régime ; quand il ne leur reste plus que des chaînes, la bourgeoisie ne peut compter sur le souvenir des biens qu'ils ont possédés pour les maintenir dans le calme. Dans le premier cas, la bourgeoisie se contente d'organisations corporatives indirectement placées sous le contrôle de l'État ; dans le second, elle peut avoir besoin d'organisations à l'intérieur desquelles elle puisse exercer une contrainte directe sur les ouvriers, c'est-à-dire d'organisations fascistes. Car, malgré les déclamations des partis communistes, les syndicats allemands ne sont pas encore fascistes. Dans un syndicat fasciste, les entrepreneurs et les ouvriers sont organisés ensemble, l'adhésion des ouvriers est obligatoire, le gouvernement intervient directement ; aucun de ces caractères ne se trouve dans les syndicats allemands. La complicité sourde de l'appareil syndical suffira-t-elle à la bourgeoisie allemande, ou devra-t-elle établir un régime fasciste ? Tout ce qu'on peut dire de certain à ce sujet, c'est que l'équilibre actuel est instable. L'équilibre le plus instable peut durer, mais le moindre choc suffit à le détruire ; et, en Allemagne, des manifestations de désespoir de la part des chômeurs peuvent produire ce choc. Mais, si la bourgeoisie allemande a recours au fascisme, une autre question se pose : lancera-t-elle les bandes hitlériennes, sous la direction de von Schleicher ou de Hitler lui-même, contre les organisations ouvrières, qu'elles soient révolutionnaires ou réformistes ? Ou aura-t-elle recours à l'appareil syndical lui-même, pour opérer sans douleur la transformation des syndicats en organisations fascistes ?

Les ouvriers syndiqués laisseraient-ils leurs propres organisations trahir aussi cyniquement leur cause ? Avant de poser cette question, il faut se demander comment il se fait qu'ils aient accepté tout ce qu'ils ont accepté jusqu'ici.

IV

LE RÉFORMISME ALLEMAND

(fin)

Les cadres de la social-démocratie allemande, ce sont les êtres qui se trouvent tout naturellement logés dans les somptueux bureaux des organisations réformistes, comme le coquillage loge son habitant ; êtres satisfaits, importants, frères de ceux que renferment les plus luxueux bureaux des ministères ou de l'industrie, bien étrangers au prolétariat ; nos camarades allemands nomment cela des bonzes. Mais la base, malgré la présence de quelques petits-bourgeois, est essentiellement ouvrière et, qui plus est, composée d'ouvriers tout à fait conscients d'appartenir, avant tout et par-dessus tout, au prolétariat.

On le niera peut-être. Certes les ouvriers allemands, trouvant dans le régime même un peu de bien-être et la possibilité de goûter, de temps à autre, les plaisirs qui comptent seuls pour eux, musique, culture intellectuelle, exercice physique, vie en pleine nature, se sont attachés aux organisations qui leur procuraient ces biens, et se sont détournés des périlleuses tentatives destinées à briser le système de production pour en construire un autre. Mais nul n'a le droit de le leur reprocher. Il est naturel qu'un ouvrier qui ne cherche pas dans la révolution une aventure, et n'y voit pas non plus un simple mythe, ne s'engage dans la voie révolutionnaire qu'autant qu'il ne voit pas d'autre issue, et que celle-là lui paraît praticable. L'ouvrier le plus conscient est celui qui se rend le mieux compte, non pas seulement des vices essentiels du régime, mais aussi des tâches immenses, des responsabilités écrasantes que comporte une révolution. Pour la génération qui a maintenant atteint la maturité, la guerre, il est vrai, a suffisamment fait apparaître le caractère essentiellement inhumain du régime, et surtout dans l'Allemagne affamée et vaincue. Mais le mouvement révolutionnaire qui l'a suivie s'est brisé deux fois, une fois par l'écrasement sanglant des spartakistes, une autre fois par la défaite sans bataille d'octobre 1923. Comment s'étonner qu'ensuite les ouvriers allemands se soient de nouveau laissés vivre dans ce monde capitaliste que la prospérité rendait de nouveau habitable ? Et si certains d'entre eux se sont laissé étourdir par cette prospérité qui a donné le vertige à Ford lui-même, il faut se souvenir que tout le monde autour d'eux annonçait, avec cette éloquence que donne la conviction, une période de progrès continus de l'économie capitaliste et, pour les ouvriers, un accroissement continu du bien-être, des possibilités de culture et des libertés politiques nouvellement conquises.

À présent la crise est là. Plus clairement encore que la guerre, parce qu'elle est un phénomène purement économique, elle montre le caractère inhumain du régime. Les ouvriers, tous plus ou moins brutalement frappés, comprennent, mieux que par aucune propagande, qu'ils n'ont pas place dans le système en tant qu'êtres humains, mais sont de simples outils, outils qu'on laisse user par la rouille quand on n'a pas avantage à les user au travail. En même temps le régime perd sa parure de démocratie. Et voilà qu'en cette quatrième année de crise le prolétariat allemand semble être impuissant et déconcerté par la catastrophe comme pendant les premières années de la guerre. Impuissant, comme alors, à se détacher d'organisations qui l'ont servi en un temps plus heureux, mais ne savent maintenant que le livrer à la cruauté mécanique du système.

Cependant la social-démocratie a, sans aucun doute, perdu une partie assez considérable de son influence, depuis la crise. Aux élections du 31 juillet, elle a perdu 700 000 voix ; à celles du 6 novembre, de nouveau 600 000. Mais l'essentiel est qu'à l'intérieur même des organisations réformistes se manifestent des tiraillements, parfois d'une rare violence, entre ceux qui représentent les organisations, et sont, comme elles, indissolublement liés au régime, et les ouvriers qui composent les organisations, et que le régime repousse en quelque sorte lui-même. Déjà les social-démocrates n'ont pas accepté sans peine de voter pour Hindenburg. La passivité de la social-démocratie, le 20 juillet, a indigné toute la base, et même la partie de l'appareil syndical qui se trouve en contact avec la base. À partir du 20 juillet on s'est mis à discuter dans les sections social-démocrates, chose inconnue jusque-là. Les vieux soutiennent les chefs ; les jeunes réclament de l'action, le front unique avec les communistes, la lutte contre toutes les mesures de terreur que la bureaucratie essaye de faire accepter en agitant l'épouvantail de la guerre civile. Mais ils ne modifient point l'attitude des organisations. Et celles-ci maintiennent, sinon leurs effectifs, du moins, ce qui est plus important, leurs positions stratégiques. Les syndicats continuent à régner dans les entreprises ; et jusqu'ici, ils réussissent à briser tous les mouvements de quelque envergure auxquels ils s'opposent. La bureaucratie réformiste continue à tenir en main les rouages de la production. Les ouvriers regimbent, mais elle fait ce qu'elle veut.

Que veut-elle ? Conserver ses bureaux. Conserver les organisations, sans se demander à quoi elles servent. Dans cette tâche, les bonzes sont aidés par des militants sincères, qui, à force de s'être dévoués pour les organisations, les considèrent comme des fins en soi. Or, quel danger menace ces organisations, dont le capitalisme, comme disait ce fonctionnaire syndical, ne peut se passer ? Un seul : la guerre civile. Une insurrection ouvrière commencerait par les balayer, une attaque à main armée des bandes hitlériennes les briserait. Il s'agit donc d'éviter les formes aiguës de la lutte des classes, de conserver la paix à tout prix ; à tout prix, c'est-à-dire au prix de n'importe quelle capitulation. Accepter un régime fasciste ne ferait sans doute pas peur aux bonzes ; d'autant moins peur que les mesures de capitalisme d'État que le fascisme comporte apparaîtraient facilement comme « un morceau de socialisme » à des gens pour qui le socialisme n'est pas autre chose que le capitalisme d'État. En revanche, le front unique leur fait peur : ils savent, comme tout le monde, que Kerensky aurait mieux fait de s'allier à Kornilov qu'à Lénine. Rien n'égale le ton de haine avec lequel ils parlent du parti communiste. Au reste ils répètent leurs belles paroles d'autrefois, mais sans conviction ; par moments, leurs contradictions prouvent qu'ils mentent et n'ont pas d'illusions. « On ne peut aller au socialisme qu'en passant par la démocratie », disent-ils. Mais, en août, ils ont affirmé que, seuls, les moments de crise aiguë sont favorables à la proposition de mesures socialistes. Comme ces moments sont toujours ceux où la démocratie est suspendue et où la social-démocratie n'a nulle part au pouvoir, c'est là un aveu d'impuissance. Ils disent aussi : « La question n'est pas : Allemagne fasciste ou Allemagne soviétique, mais Allemagne fasciste ou république de Weimar. » Ce n'est pas par ces formules creuses que les bonzes peuvent entraîner les ouvriers. Mais comment les entraînent-ils ?

Quand les ouvriers allemands, sur qui l'on comptait pour assurer la paix du monde, se sont trouvés devant la guerre, leur désarroi a eu pour cause, non seulement les mensonges nationalistes, mais aussi le fait qu'ils n'avaient qu'une organisation, et que cette organisation les envoyait à la guerre. Les ouvriers allemands ont une peine infinie à se résoudre à une action non organisée. Aussi, s'ils étaient dans la même situation à présent, comprendrait-on qu'ils se laissent mener par la bureaucratie réformiste. Car la tactique réformiste est la seule raisonnable à l'intérieur du régime, et, par suite, pour quiconque ne veut pas ou n'ose pas briser le régime. Cette tactique, c'est, par définition, la tactique du moindre mal. Le régime est mauvais ; si on ne le brise pas, il faut s'arranger pour y être le moins mal possible. Quand la bourgeoisie est forcée par la crise de resserrer son étreinte, la tactique du moindre mal est nécessairement une tactique de capitulation. Les vieux qui, en période de crise, continuent à penser comme ils pensaient avant la crise, s'y plient tout naturellement. Les jeunes crient qu'ils veulent lutter ; mais comme ils n'osent pas engager la lutte pour briser tout le système de production, et que chacun sent bien, tout en se gardant de le dire, qu'il n'y a pas d'autre objectif de lutte, ils acceptent finalement, eux aussi, de capituler. Encore une fois, tout cela se comprendrait fort bien dans un prolétariat désarmé, dont les organisations seraient aux mains de ses ennemis.

Le parti hitlérien est en effet aux mains du grand capital, et la social-démocratie aux mains de l'État allemand. Mais le prolétariat allemand possède à présent ce qu'il n'avait pas, en 1914, un parti communiste. Certes, depuis le début de la crise, le parti communiste a attiré à lui de larges masses de chômeurs et quelques petits-bourgeois ; de même que le parti hitlérien a attiré de larges masses de petits-bourgeois ruinés et un nombre assez important de chômeurs. Il est naturel que ceux qui, ayant, du fait de la crise, tout perdu, sont prêts à tout essayer, se jettent sur les deux partis qui promettent du nouveau ; et ceux qui se sentent solidaires de la classe ouvrière vont à celui des deux partis qui annonce la dictature du prolétariat. Mais ce courant n'entraîne pas les ouvriers des entreprises. Ceux-ci, c'est-à-dire ceux qui ont une responsabilité dans la production, ceux qui, par leur travail quotidien, conservent la société et peuvent la transformer, ou bien restent indifférents ou bien suivent les réformistes. Il y a, bien entendu, des exceptions ; mais elles sont relativement assez peu nombreuses. Aussi la social-démocratie se soucie-t-elle peu de perdre les chômeurs et les petits-bourgeois que d'ailleurs elle est loin de perdre tous. Sa force stratégique est dans les entreprises ; et, quoi que puisse réserver l'avenir, cette force est jusqu'ici presque intacte. La social-démocratie ne sera vaincue qu'au moment où les ouvriers qui travaillent engageront une action assez cohérente et assez étendue pour mettre le système social en péril.

Que les ouvriers des entreprises résistent à la démagogie hitlérienne, cela prouve que, malgré la situation misérable à laquelle ils sont réduits, leurs bas salaires, l'absence de sécurité, le chômage qui réduit leurs heures de travail et qui frappe en général leur famille, ils ne cèdent pas au désespoir. On ne peut assez l'admirer. Mais comment comprendre qu'ils se laissent écraser par le régime, alors qu'il existe un parti communiste, tout propre, semble-t-il, à constituer entre leurs mains un outil puissant pour briser et reconstruire le système de production ? Qu'est-ce qui retient les masses ouvrières qu'occupent encore les entreprises, et particulièrement les éléments encore jeunes, de faire confiance au parti communiste ?

V
LE MOUVEMENT COMMUNISTE

En période de prospérité, le mouvement révolutionnaire s'appuie en général surtout sur ce qu'il y a de plus fort dans le prolétariat, sur ces ouvriers hautement qualifiés qui se sentent l'élément essentiel de la production, se savent indispensables et n'ont peur de rien. La crise pousse les chômeurs vers les positions politiques les plus radicales ; mais elle permet au patronat de chasser de la production les ouvriers révolutionnaires et contraint ceux qui sont restés dans les entreprises, et qui tous, même les plus habiles, craignent de perdre leur place, à une attitude de soumission. Dès lors le mouvement révolutionnaire s'appuie au contraire sur ce que la classe ouvrière a de plus faible. Ce déplacement de l'axe du mouvement révolutionnaire permet, seul, à la bourgeoisie de traverser une crise sans y sombrer ; et inversement, seul, un soulèvement des masses demeurées dans les entreprises peut véritablement mettre la bourgeoisie en péril. L'existence d'une forte organisation révolutionnaire constitue dès lors un facteur à peu près décisif. Mais, pour qu'une organisation révolutionnaire puisse être dite forte, il faut que le phénomène qui, en période de crise, réduit le prolétariat à l'impuissance, ne s'y reflète pas ou ne s'y reflète que très atténué.

Le parti communiste allemand a une force apparente considérable. Les souvenirs encore vivants de 1919, 1920, même 1923, lui donnent un rayonnement, un prestige que nous, Français, dont la tradition révolutionnaire s'est interrompue en somme en mai 1871, pouvons difficilement imaginer. Il a entraîné en novembre six millions d'électeurs ; lui-même comptait alors 330 000 membres. Les groupements tels que la section du Secours Ouvrier, la section du Secours Rouge, l'association des libres penseurs prolétariens, et surtout les associations sportives rouges sont, eux aussi, nombreux, influents, pleins de vie. Cependant la plus importante de ces organisations, une organisation militaire destinée à la guerre des rues *(Rote Front Kämpferbund)* a été interdite il y a deux ans, et n'a pu vivre dans l'illégalité ; une partie des adhérents est même passée, depuis, aux sections d'assaut hitlériennes. Quant au parti lui-même, il est nombreux ; mais les nouveaux venus y sont en majorité ; certains disent qu'un cinquième seulement des adhérents est au parti depuis plus de trois ans. Ce phénomène, qui se retrouve dans plusieurs autres sections de l'Internationale, et qui est évidemment dû, au moins pour une part, au mode de recrutement et au régime intérieur, est particulièrement dangereux en période révolutionnaire. Enfin et surtout, le parti communiste allemand est pratiquement un parti de chômeurs ; en mai dernier, les chômeurs y étaient déjà dans une proportion de quatre-vingt-quatre pour cent (cf. *ISR,* n°s 19-20, p. 916). Quant aux organisations syndicales placées sous le contrôle du parti, leurs effectifs sont inférieurs à ceux du parti lui-même et elles sont composées de chômeurs pour une moitié environ. Ainsi, à cette séparation entre chômeurs et ouvriers des entreprises que la crise économique produit par elle-même, le mouvement communiste allemand ne porte pas remède ; il la reflète, et la reflète accentuée.

C'est donc que le parti communiste n'était pas arrivé à s'implanter solidement dans les entreprises. La cause principale en est sans doute la tactique syndicale. Devant les mesures d'exclusion qui frappèrent maintes fois les adhérents révolutionnaires des syndicats réformistes, on pouvait choisir entre deux méthodes ; appeler tous les ouvriers conscients dans les syndicats rouges, comme fait notre CGTU, ou constituer, avec les seuls exclus, des syndicats rouges qui ne recrutent pas, et cherchent à augmenter non leurs effectifs, mais leur influence. Cette dernière tactique a été celle des « chevaliers du travail » belges ; la grève du Borinage en a montré la valeur, et elle semble la mieux appropriée quand il ne se produit que des exclusions individuelles. Mais, en Allemagne, on n'a pas choisi ; on a organisé parallèlement les syndicats rouges et les organisations d'opposition, et on a toujours maintenu côte à côte les deux mots d'ordre contradictoires : « renforcez les syndicats rouges » et « travaillez dans les syndicats réformistes ». En conséquence, les syndicats rouges sont restés squelettiques en face des quatre millions d'adhérents des syndicats réformistes ; mais leur existence a suffi, d'une part, pour permettre aux réformistes de présenter les communistes comme étant, au même titre que les hitlériens, des ennemis des organisations syndicales, d'autre part, pour faire négliger aux militants la propagande dans les syndicats social-démocrates. Bien plus, un moment donné, on a lancé ouvertement le mot d'ordre « brisez les syndicats ». Bien que ce mot d'ordre ait été abandonné, la crainte d'être accusé de revenir au mot d'ordre condamné des brandlériens (forcer les bonzes à lutter) a longtemps paralysé les militants. Ce n'est que tout récemment qu'a pris fin cette négligence inouïe à l'égard de la propagande dans les syndicats réformistes. D'autre part, aussi bien les groupements d'opposition que les syndicats rouges, souffrent d'un régime étouffant de dictature bureaucratique. Quant à l'organisation dans les entreprises, il a longtemps régné à cet égard une indifférence inconcevable.

En face de la social-démocratie, si puissamment implantée dans les entreprises par son influence sur les ouvriers, en face du mouvement hitlérien qui, à côté de ses adhérents ouvriers, bénéficie de l'appui secret ou avoué du patronat, le parti communiste allemand se trouve au contraire sans liens avec la production. Il n'est pas étonnant que l'existence d'un tel parti ne suffise pas par elle-même à tourner les masses opprimées vers l'action révolutionnaire. Dès lors, tout dépend de l'influence que le parti communiste allemand peut arriver à acquérir à l'intérieur des deux autres partis ; autrement dit, il faut, dans la période actuelle, juger le parti communiste allemand d'après ses relations avec le mouvement hitlérien d'une part, la social-démocratie et les syndicats de l'autre.

Comment le parti communiste allemand peut-il acquérir de l'influence au sein du mouvement hitlérien ? Toute tentative en ce sens doit être réglée d'après cette vue que le parti communiste, même s'il amenait à lui tout ce qui, dans le mouvement hitlérien, se rattache au prolétariat, ne deviendrait pas de ce fait capable de remplir ses tâches révolutionnaires. D'une part, l'adhésion d'ouvriers qui ont pu se laisser tromper par la démagogie fasciste ne serait pas précisément de nature à relever le niveau politique du parti ; d'autre part, dans le mouvement hitlérien, il n'y a, en dehors des grands et petits-bourgeois, des employés de bureau, des chômeurs, que quelques ouvriers des entreprises, la plupart placés, il est vrai, aux points stratégiques de l'économie, mais trop peu nombreux pour constituer par eux-mêmes une force considérable. Au contraire, si le parti communiste pouvait attirer la confiance des masses réformistes groupées dans les entreprises, il acquerrait de ce fait une force presque invincible. Ainsi un accord partiel entre hitlériens et communistes, même s'il peut faciliter la propagande communiste auprès des ouvriers hitlériens, est éminemment dangereux s'il est susceptible d'éveiller la défiance des ouvriers social-démocrates. Au reste la tactique des accords partiels ne constitue pas une tactique efficace dans la lutte contre l'influence de Hitler. Car les chefs hitlériens sont avant tout des démagogues et des aventuriers, et ne reculent pas, au besoin, devant l'action illégale ; ainsi, dans telles circonstances déterminées, ils peuvent, à la différence des chefs réformistes, non seulement lancer les mêmes mots d'ordre que le parti communiste, mais encore aller au moins aussi loin que lui dans l'application. Au reste il va de soi que, dans une grève, par exemple, on ne peut refuser l'appui des grévistes hitlériens ; mais, dans un cas semblable, il faut faire grande attention à ne rien faire qui puisse donner à cette unité d'action un caractère suspect aux yeux des ouvriers social-démocrates ; et il faut s'efforcer par tous les moyens d'entraîner ceux-ci dans la lutte. En somme, le parti communiste n'a pas d'autre moyen, pour conquérir les ouvriers hitlériens sans éloigner les ouvriers social-démocrates, que de dénoncer impitoyablement aussi bien les petites trahisons quotidiennes des chefs hitlériens que le caractère essentiellement réactionnaire de toute leur politique. Ou plutôt il y a à cet égard, pour le parti communiste, un autre moyen encore plus efficace, c'est de devenir véritablement fort. Mais c'est à quoi il ne peut arriver qu'en gagnant la confiance des ouvriers réformistes.

À l'égard de ceux-ci, la simple propagande ne sert pas à grand-chose. Ils sentent bien, les jeunes surtout, que leurs chefs capitulent ; mais qu'il y ait une autre issue, ils n'en sont point persuadés. Il est clair que, sur ce point, de simples paroles sont sans efficacité. On ne peut les convaincre qu'en leur faisant sentir par l'expérience, dans l'action, la force que possède la classe ouvrière organisée. Et à cet effet, c'est eux-mêmes qu'il faut amener à agir ; car le parti communiste est trop faible pour mener seul, avec succès, une action de quelque envergure. Il faut donc qu'il organise le front unique en vue d'objectifs limités, et mène la lutte assez bien pour inspirer aux ouvriers plus de confiance qu'ils en ont en eux-mêmes et en lui. Les chefs réformistes, il est vrai, manœuvreront toujours pour empêcher un tel front unique ; et leurs manœuvres sont facilitées par l'isolement où se trouve le parti communiste. Celui-ci n'a qu'un moyen de déjouer ces manœuvres, c'est de faire des concessions. Il y a une concession qu'il ne peut jamais faire, à savoir renoncer à son droit de critique. Mais il peut modérer le ton des critiques, et renoncer à une violence peut-être légitime, mais en fait nuisible. Il peut, pour montrer qu'en dépit des mots d'ordre qui lui ont été si funestes il n'est pas l'ennemi des organisations syndicales, suspendre le recrutement des minuscules syndicats rouges, ou même demander la réintégration des exclus. Il peut surtout adresser toutes les propositions de front unique, non seulement à la base, mais à tous les degrés de la hiérarchie réformiste. Une telle tactique pourrait sans doute, en certains cas, contraindre les chefs réformistes à accepter le front unique ; en tout cas elle leur rendrait beaucoup plus difficile de le refuser sans se discréditer auprès des ouvriers qui les suivent.

VI

LE MOUVEMENT COMMUNISTE
(suite)

La politique du parti communiste allemand est en fait, jusqu'ici, exactement contraire. Le seul moyen employé pour conquérir les ouvriers réformistes, c'est une propagande purement verbale ; on prêche la révolution à des gens qui se demandent, non pas si elle est désirable, mais si elle est possible. On accuse les chefs réformistes de trahison ; or le parti communiste n'aurait le droit d'apprécier ainsi la politique de capitulation des social-démocrates que s'il montrait qu'il est capable, lui, de diriger victorieusement le prolétariat dans la voie opposée, celle de la lutte. C'est ce qu'il ne peut montrer par de simples paroles ; et, jusqu'ici, il ne l'a pas montré autrement. Aussi les formules, si souvent répétées, concernant la social-démocratie comme « ennemi principal », le « social-fascisme », etc., n'ont-elles pour effet que de couper le parti communiste des ouvriers social-démocrates ; et d'autant plus qu'on va jusqu'à appeler « social-fasciste » le petit « parti socialiste ouvrier », composé en partie d'éléments révolutionnaires, en partie d'éléments réformistes, mais que révoltent les capitulations des social-démocrates. Sur le terrain syndical, on s'obstine à conserver les deux mots d'ordre contradictoires. Quant au front unique, on refuse de faire des propositions autrement qu'à la base ; et les manœuvres des chefs réformistes en sont facilitées d'autant.

Avec les hitlériens, au contraire, le parti communiste allemand a plusieurs fois pratiqué une sorte de front unique ; il lui est même arrivé, notamment pendant la grève des transports de Berlin, de suspendre, en faveur des national-socialistes, ce fameux « droit de critique » qu'il refuse, avec raison, de sacrifier au front unique avec les social-démocrates. Le plus grave, c'est que le front unique entre hitlériens et communistes a paru parfois dirigé contre la social-démocratie, et l'a effectivement été en certains cas. Au reste, l'on peut comprendre que, dans la lutte sociale, et par l'effet de la démagogie hitlérienne, le parti national-socialiste et le parti communiste puissent parfois paraître mener une action à peu près semblable ; mais le parti communiste allemand est allé jusqu'à se mettre à la remorque du mouvement hitlérien sur le terrain de la propagande nationaliste. Il a accordé une large place, et parfois, notamment en période électorale, la première place, aux revendications nationales, à la lutte contre le système de Versailles, au mot d'ordre de « libération nationale ». Au moment des élections du 31 juillet, il a accusé les social-démocrates de trahison, non seulement envers la classe ouvrière, mais envers le pays *(Land verraten)*. Bien plus, il a publié comme brochure de propagande, et sans commentaires, le recueil des lettres où l'officier Scheringer expliquait qu'il avait abandonné le national-socialisme pour le communisme, parce que le communisme, par les perspectives d'alliance militaire avec la Russie qu'il comporte, est plus propre à servir les intérêts nationaux de l'Allemagne, et ce même Scheringer a formé sur cette base un groupement, auquel ont adhéré des gens du meilleur monde, et qui est officiellement placé sous le contrôle du parti. Il faut remarquer que cette orientation ne correspond pas du tout aux sentiments des ouvriers communistes allemands ; car ils sont sincèrement et profondément internationalistes. Les seuls arguments qu'on donne en faveur de cette politique, c'est qu'elle procure des voix aux élections, et qu'elle facilite le passage au communisme des ouvriers séduits par la démagogie hitlérienne. Au reste elle facilite aussi bien le passage inverse. Et, chez les ouvriers social-démocrates, elle ne provoque qu'indignation et moqueries. Que penser d'un parti révolutionnaire dont le Comité central a dit, dans un appel lancé en vue des élections du 6 novembre : « Les chaînes de Versailles pèsent de plus en plus lourdement sur les ouvriers allemands » ? Ce sont donc les chaînes de Versailles que le prolétariat allemand aurait à briser, et non les chaînes du capitalisme ? Le Comité central a beau ajouter que, seule, une Allemagne socialiste peut briser les chaînes de Versailles, sa formule n'en constitue pas moins une aide précieuse pour les démagogues hitlériens, qui cherchent avant tout à persuader aux ouvriers que leur misère est due au traité de Versailles, et non pas au fait que toute la production est subordonnée à la recherche du profit capitaliste. D'une manière générale, la bourgeoisie de chaque pays s'efforce toujours, dans les moments de crise, de tourner le mécontentement des masses ouvrières et paysannes contre les pays étrangers, évitant ainsi qu'on ne lui demande à elle-même des comptes. En Allemagne, le parti communiste s'est publiquement associé à cette manœuvre au mépris de la grande parole de Liebknecht : « L'ennemi principal est chez nous. »

En fin de compte, le parti communiste allemand reste isolé, et livré à ses propres forces, c'est-à-dire à sa propre faiblesse. Bien qu'il ne cesse de recruter, le rythme de ses progrès ne correspond aucunement aux conditions réelles de l'action ; il existe une disproportion monstrueuse entre les forces dont il dispose et les tâches auxquelles il ne peut renoncer sans perdre sa raison d'être. Cette disproportion est plus frappante encore si l'on tient compte de l'apparence de force que donnent au parti les succès électoraux. Le prolétariat allemand n'a en somme pour avant-garde que des hommes à vrai dire dévoués et courageux, mais qui sont dépourvus pour la plupart d'expérience et de culture politique, et qui ont été presque tous rejetés hors de la production, hors du système économique, condamnés à une vie de parasites. Un tel parti peut propager des sentiments de révolte, non se proposer la révolution comme tâche.

Le parti communiste allemand fait ce qu'il peut pour dissimuler cet état de choses, aussi bien aux adhérents qu'aux non-adhérents. À l'égard des adhérents, il use de méthodes dictatoriales qui, en empêchant la libre discussion, suppriment du même coup toute possibilité d'éducation véritable à l'intérieur du parti. À l'égard des non-adhérents, le parti essaie de cacher l'inaction par le bavardage. Ce n'est pas que le parti reste tout à fait inactif ; il essaye, malgré tout, de faire quelque chose dans les entreprises ; il a fait quelques tentatives pour organiser les chômeurs, il dirige des grèves de locataires, auxquelles il n'arrive pas d'ailleurs à faire dépasser le cadre d'une rue ou d'un fragment de quartier ; il lutte contre les terroristes hitlériens. Tout cela ne va pas bien loin. Le parti y supplée par le verbiage, la vantardise, les mots d'ordre lancés à vide. Quand les hitlériens veulent se donner l'apparence d'un parti ouvrier, leur propagande et celle du parti communiste rendent presque le même son. Cette attitude démagogique du parti communiste ne fait d'ailleurs qu'augmenter la défiance des ouvriers des entreprises à son égard. Et d'autre part, par l'organisation des réunions, les paroles rituelles, les gestes rituels, la propagande communiste ressemble de plus en plus à une propagande religieuse ; comme si la révolution tendait à devenir un mythe, qui aurait simplement pour effet, comme les autres mythes, de faire supporter une situation intolérable.

Beaucoup de camarades seront tentés de croire que ce tableau a été chargé à plaisir ; ils en trouveront pourtant la confirmation, au moins partielle dans la presse communiste, notamment dans le numéro 19-20 de *L'Internationale Syndicale Rouge* et dans le discours de Piatnitsky au XIIe plénum du Comité exécutif de l'Internationale communiste. À vrai dire, on pourrait citer quelques faits qui sembleraient démentir ce tableau : et ces dernières semaines, en particulier, il semble y avoir eu au moins un léger progrès.

Pour permettre à nos camarades de juger si, dans l'ensemble, ce tableau est juste, il faut mettre sous leurs yeux un exposé aussi objectif que possible de la récente histoire du mouvement communiste allemand.

VII
LE MOUVEMENT COMMUNISTE ALLEMAND
(suite)

« Le parti communiste allemand, a dit Piatnitsky au XIIe plénum du Comité exécutif de l'Internationale, s'est révélé capable de manœuvrer et de réorganiser son travail quand le besoin s'en est fait sentir. Vous savez, par exemple, que la direction du parti communiste allemand s'est prononcée contre la participation au référendum sur la dissolution du Landtag prussien. Des articles leaders contre la participation à ce référendum furent publiés dans quelques journaux du parti. Mais quand le Comité central, de concert avec l'Internationale communiste, conclut à la nécessité de prendre une part active au référendum, les camarades allemands mirent, en quelques jours, en action tout le parti. Sauf le parti communiste de l'URSS, aucun parti n'aurait pu en faire autant. » Ce dont Piatnitsky félicite en ces termes le parti communiste allemand, c'est quelque chose d'analogue à ces revirements dont nous sommes parfois témoins aux congrès fédéraux. Qu'on se souvienne du plus caractéristique de ces tournants soudains ; et qu'on imagine l'effet qu'il aurait produit, s'il avait concerné une question de première importance pour le pays tout entier, et d'actualité brûlante. C'est exactement ce qui se passa en Allemagne, il y a un an et demi, lors du plébiscite organisé par les hitlériens contre le Landtag social-démocrate de Prusse. Les ouvriers social-démocrates rient encore aujourd'hui en racontant comment leurs camarades communistes se mirent tout d'un coup à faire de la propagande pour ce plébiscite, alors que la veille encore ils juraient qu'il ne pouvait même être question d'y prendre part. Les conséquences de cette participation se font encore sentir. Ce plébiscite avait été entrepris par les hitlériens dans le but avoué de conquérir le gouvernement de Prusse ; il s'agissait donc d'une lutte entre la social-démocratie, parti qui, par essence, cherche toujours à établir un certain équilibre entre le prolétariat et la bourgeoisie, et le parti hitlérien, qui a pour but l'écrasement complet du prolétariat et l'extermination de son avant-garde. Dans cette lutte, c'est aux côtés du parti hitlérien que s'est rangé le parti communiste allemand, et cela sur l'ordre formel du Komintern. C'est là ce qu'on appela officiellement le « plébiscite rouge ». Ce tournant brusque fut, d'après la *Rote Fahne*, accepté « sans discussion » dans le parti. C'est alors qu'on se mit à parler de « libération nationale », et qu'on publia dans la presse du parti (*Fanfare* du 1er août 1931) des paroles de Scheringer concernant la « guerre libératrice » et « les morts de la guerre mondiale qui ont donné leur vie pour une Allemagne libre ». L'impression que produisit tout cela sur les masses réformistes est facile à concevoir.

Les conséquences logiques de cette orientation se sont développées pendant le reste de l'année 1931 et les premiers mois de 1932. Pendant cette période d'ascension verticale, d'ascension vertigineuse du national-socialisme, tous les efforts du parti communiste allemand furent dirigés contre la social-démocratie. C'est ce que reconnaît Piatnitsky : « Après le XIe plénum, dit-il (c'est-à-dire à partir de juin 1931), dans les documents du parti communiste allemand, la social-démocratie est justement caractérisée comme appui social principal de la bourgeoisie, mais alors on a oublié les fascistes. » Il commença même à cette époque à se développer dans le parti l'idée d'une stratégie étrange, consistant à tendre à Hitler « le piège du pouvoir ». Toute cette politique trouva sa sanction au cours de ces élections présidentielles où la social-démocratie arriva à faire marcher toutes ses troupes pour Hindenburg ; où Thaelmann, seul candidat ouvrier, ne fut pas soutenu pour ainsi dire par la voix d'un seul ouvrier social-démocrate.

Dans les mois qui suivirent, il se produisit un redressement très net ; mais le mérite n'en revient pas au parti communiste allemand : il revient aux sections d'assaut hitlériennes. Les hitlériens se mirent en effet à assassiner les communistes chez eux ou dans la rue ; il y eut toute une série d'escarmouches sanglantes entre hitlériens et communistes ; dès lors le parti communiste fut contraint, en dépit des résolutions du XIe plénum, de se tourner principalement contre le fascisme. Mais les hitlériens rendirent un service plus grand encore au prolétariat allemand quand ils se mirent à attaquer indistinctement communistes et social-démocrates ; ils provoquèrent ainsi la réalisation d'un front unique spontané, et faillirent réaliser ce « bloc marxiste » qui n'existait malheureusement que dans les déclamations de leurs chefs. Le parti communiste aurait pu organiser ce front unique spontané, l'élargir, le transporter dans les entreprises. Il n'en fit rien. C'est ce que constate Piatnitsky :

« Comment le front unique a-t-il été réalisé ? Dans la rue. Grâce au fait que les nazis ne distinguaient pas les social-démocrates des communistes, mais qu'ils frappaient aussi bien les ouvriers social-démocrates, les réformistes et les sans-parti que les communistes ; grâce à ce fait, on a réussi à réaliser le front unique. C'est là un très bon front unique, contre lequel je n'ai rien à dire. C'est le front unique de la lutte de classes. Mais il nous est arrivé de côté, pas à l'entreprise, pas aux Bourses du travail, pas dans les syndicats. Et si ce front unique était transféré dans les entreprises, alors, dans la majorité des cas, ce n'était pas grâce à notre travail, mais parce que les ouvriers étaient indignés par les assassinats, qu'ils organisaient des grèves le jour de l'enterrement des victimes. »

Au mois de juillet cependant, le front unique commença à prendre une forme organisée. Il se créa en beaucoup d'endroits des comités de lutte antifasciste ; contrairement à la doctrine du front unique « seulement à la base », il y eut des propositions de front unique d'organisation à organisation. Bien plus, le front unique se transporta même dans les parlements ; aux Landtage de Prusse et de Hesse, les communistes donnèrent leurs voix à un social-démocrate pour éviter l'élection d'un hitlérien. Néanmoins on continuait à parler de « social-fascisme », et les revendications nationales étaient placées en tête du programme électoral. L'incohérence de cette politique, les fautes des mois antérieurs, le peu de contact avec les masses, tout cela trouva sa sanction dans l'échec des 20 et 21 juillet 1932.

Le 20 juillet, c'est le jour du coup d'État par lequel von Papen chassa du gouvernement prussien la social-démocratie ; le parti communiste allemand décida de prendre contre von Papen la défense de ce même gouvernement prussien qu'il avait, un an auparavant, attaqué aux côtés de Hitler. Cette décision aurait pu accroître rapidement son influence sur les masses réformistes. Car le divorce entre les cadres et la base de la social-démocratie, divorce que n'avait pu réaliser même le soutien accordé par la social-démocratie à la candidature de Hindenburg, devint un fait accompli grâce à la passivité de la social-démocratie en cette journée historique. Si le parti communiste avait pu opposer à cette passivité sa propre capacité d'action, il aurait acquis de ce fait une autorité considérable.

Que fit-il ? Il ne fit absolument rien, sinon lancer brusquement et sans préparation un appel en faveur de la grève générale. Cet appel ne rencontra que le vide, et cela au sein même du parti. « Les organisations du parti n'ont pas répondu à l'appel de la grève » dit Piatnitsky ; et il ajoute que ce n'était nullement inattendu. Pas un ouvrier social-démocrate, bien plus, pas un ouvrier communiste n'a pris au sérieux un appel qui, lancé dans de telles conditions, ne pouvait aboutir qu'à discréditer le mot d'ordre de grève générale. Le parti communiste allemand a donné, ce jour-là, l'impression qu'il jouait avec un mot d'ordre aussi grave, qu'il lui donnait en quelque sorte la valeur d'un alibi pour dissimuler son inaction. Chez les ouvriers social-démocrates, le souvenir du 20 juillet éveille à la fois l'indignation et le rire ; l'indignation quand ils songent à la social-démocratie, le rire quand ils songent au parti communiste. Quant aux militants communistes, les événements de cette journée provoquèrent, dans leurs rangs, une dépression très profonde. Pour la première fois, ils avaient clairement aperçu à quel point leur parti était isolé des masses, dans quelle impuissance radicale il se trouvait par rapport à une action effective.

Le succès électoral du 31 juillet leur donna l'impression qu'ils pouvaient enfin respirer. Mais ce succès empêcha aussi de se produire les conséquences salutaires qu'aurait pu avoir cette dépression ; à savoir un examen sérieux et complet des fautes du parti. Bien plus, le Comité central du parti décida de blâmer les fractions parlementaires des Landtage de Prusse et de Hesse, et de revenir à la pratique du front unique « seulement à la base ». Ou du moins c'est ce qu'affirmèrent les trotskystes ; à la base du parti, on n'eut pas connaissance de ces décisions. Mais ce qui est sûr, c'est qu'après le 31 juillet, il n'y eut plus de proposition de front unique d'organisation à organisation ; quant aux comités de front unique surgis spontanément en juillet, ils disparurent, et d'autant plus rapidement que les attentats hitlériens se firent plus rares, et bientôt s'interrompirent.

VIII

LE MOUVEMENT COMMUNISTE ALLEMAND
(suite)

Pendant tout ce mois d'août 1932, le parti communiste fut pratiquement réduit à l'illégalité. Sa presse fut muselée ; ses réunions, même parfois ses réunions privées, interdites ; ses militants frappés de peines incroyables lorsqu'il se produisait des luttes, sanglantes ou non, entre eux et les hitlériens ; et, bien entendu, ses partisans traqués dans les entreprises. Isolé comme il l'était, et, sans expérience de l'action illégale, il ne pouvait résister ; il craignait d'être réduit, s'il agissait à l'illégalité complète. Pendant tout ce mois d'août, on eut, à Berlin, la plupart du temps l'impression pénible que le parti communiste allemand n'existait pas. Cependant le parti s'efforçait fiévreusement de reprendre pied dans les entreprises ; et il dirigeait ses efforts selon la théorie en faveur, depuis quelque temps, dans l'Internationale : « Défendre les revendications immédiates, même les plus minimes. » Ainsi, cette même Internationale communiste qui a si souvent voulu donner artificiellement un caractère politique aux luttes revendicatives, voulait entraîner sur le terrain des revendications un prolétariat bien convaincu que la situation ne laissait place qu'à une lutte de caractère politique. Heureusement pour le parti, les décrets-lois des

5 et 6 septembre vinrent eux-mêmes donner à toute lutte revendicative le caractère d'une lutte directe contre le pouvoir d'État.

Ces décrets-lois firent enfin éclater une vague spontanée de grèves. En maintes entreprises, les ouvriers, grâce au front unique des trois partis, grâce surtout aux primes à la production, récemment instituées, qui rendaient le patronat désireux d'éviter les conflits, eurent gain de cause après un ou deux jours de luttes, ou même sur de simples menaces. Grèves et succès, le parti communiste, sans autre explication, porta tout à son propre actif ; de sorte qu'en lisant sa presse, on était tenté de supposer qu'un miracle avait transformé, en quelques jours, en une force écrasante, l'extrême faiblesse du prolétariat et du parti. Le parti manquait ainsi à son devoir le plus élémentaire, celui d'informer les ouvriers et de leur faire apercevoir clairement le rapport des forces. Il est d'ailleurs probable que l'influence des organisations syndicales rouges s'accrut pendant cette période ; mais elles ne purent ni coordonner, ni étendre le mouvement gréviste.

Deux semaines après que ce mouvement se fut en apparence terminé, une semaine avant les élections, un conflit éclata dans les transports de Berlin. 14000 syndiqués réformistes sur 21000 demandèrent la grève ; la majorité statutaire n'était pas atteinte. Le syndicat rouge entraîna les ouvriers à la grève, malgré la bureaucratie réformiste, et avec l'appui des hitlériens.

La social-démocratie présenta les rouges et les hitlériens comme voulant de concert détruire les organisations ; elle les accusa de buts purement électoraux ; elle dénonça la grève comme constituant une manœuvre hitlérienne, imprudemment soutenue par les communistes, et destinée peut-être à préparer un putsch ; elle voulait faire croire qu'en essayant de briser la grève elle ne trahissait pas les ouvriers ; mais luttait contre le fascisme. L'attitude du parti communiste fut celle qui était la plus propre à donner à ces formules l'apparence de la vérité. La *Rote Fahne* raconta avec enthousiasme comment des communistes et des hitlériens unis démolirent un camion du *Vorwaerts*, journal social-démocrate ; elle célébra comme une victoire prolétarienne cette action à laquelle avaient participé des fascistes. Le parti communiste ne fit rien pour parer au danger d'un progrès de l'influence hitlérienne sur les ouvriers à la faveur de la grève ; pendant la semaine que dura la grève, c'est-à-dire jusqu'aux élections inclusivement, il dirigea toutes ses attaques contre la social-démocratie, et suspendit à peu près sa lutte contre les conceptions fascistes. Et il semble bien qu'à Berlin le parti national-socialiste ait alors gagné des voix ouvrières, alors qu'il en perdait partout ailleurs. Or, l'aspect politique de la grève était d'autant plus important que, par la nature même de la corporation en lutte, tout se passait dans la rue. Les hitlériens lancèrent leurs sections d'assaut contre les briseurs de grève, et se rendirent ainsi maîtres de la rue dans certains quartiers. Les ouvriers aussi, il est vrai, et surtout les chômeurs, descendirent dans la rue, en masse et spontanément, pour aider les piquets de grève ; si l'on en juge par l'affolement des journaux bourgeois et leurs appels à la répression, le prolétariat dut à ce moment montrer sa force. Le parti communiste ne fit rien pour organiser cette solidarité spontanée. Il avait pourtant assez de militants à Berlin pour pouvoir le faire, mais ces militants étaient à peu près entièrement absorbés par la propagande électorale. Le dimanche, jour des élections, la bureaucratie du syndicat réformiste redoubla ses efforts ; les hitlériens se mirent à troubler la grève en lançant de faux bruits. Mais les militants communistes avaient donné toutes leurs forces, sans réserve, à la propagande électorale, sans songer qu'une autre tâche plus importante les attendait. Berlioz, dans *L'Humanité*, a raconté comment ils s'endormirent ce soir-là dans un épuisement total, et sans arrière-pensée. Le lendemain, la *Rote Fahne* annonçait en lettres géantes que la grève se poursuivrait jusqu'à la victoire, mais des lettres de renvoi vinrent démoraliser les grévistes, qui n'étaient plus soutenus par les masses dans la rue. Le parti repoussa avec indignation la proposition faite par quelques oppositionnels, de ne plus lutter que pour le retrait des licenciements. Néanmoins, le soir même, la circulation reprenait. Et, le lendemain, les grévistes retournèrent au travail en acceptant, non seulement la réduction de salaire qui faisait l'objet du conflit, mais encore le licenciement de 2500 de leurs camarades, qui se trouvèrent ainsi jetés sur le pavé sans même la maigre ressource des secours de chômage. C'est là ce que la *Rote Fahne* osa annoncer sous le titre : « Trahis, mais non vaincus ».

Ainsi, dans la ville qui est, en Allemagne, la citadelle du communisme, au moment même où, ayant gagné près de 140000 voix, il dépassait de loin, à Berlin, tous les autres partis, le parti communiste a dû terminer par une capitulation complète une grève déclenchée sous sa responsabilité, dont la portée politique était considérable, et où l'action des masses constituait un facteur aussi important que celle des grévistes eux-mêmes. Le lendemain même du jour où la victoire électorale avait donné au parti communiste une si grande apparence de force, l'impuissance réelle du parti apparut aussi clairement et aussi tragiquement que le 20 juillet. Au reste il va de soi que toute la presse officielle de l'Internationale communiste a célébré cette grève comme une victoire.

Si cette grève n'a pas accru les forces du prolétariat, elle a accru indirectement, et d'une manière décisive, celles de la bourgeoisie. Elle constituait, pour les hitlériens, une manœuvre de chantage, à l'égard de la grande bourgeoisie, destinée à faire comprendre à celle-ci qu'elle devait à tout prix, pour son propre salut, empêcher le parti hitlérien soit de s'affaiblir, soit de se tourner, même momentanément, contre elle. Il n'y a d'ailleurs d'autres relations, entre le parti hitlérien et la grande bourgeoisie, qu'un chantage réciproque et permanent ; chacun voudrait se subordonner l'autre ; chacun périrait sans l'aide de l'autre ; mais un parti peut courir des risques que ne peut courir une classe. C'est pourquoi la manœuvre tentée par les hitlériens au moyen de la grève des transports vient finalement d'aboutir après la tentative infructueuse de von Schleicher pour domestiquer le mouvement hitlérien, à la nomination de Hitler au poste de chancelier.

Pendant les trois mois qui se sont écoulés dans l'intervalle, le parti communiste allemand n'a à peu près rien fait. Quelques jours avant la grève, une conférence extraordinaire du parti avait exclu Neumann, en lui reprochant notamment d'avoir trop vivement critiqué les fautes commises le 20 juillet, fautes reconnues par la conférence ; et elle avait renouvelé la confiance du parti à Thaelmann, qui ne risque pas de critiquer trop vivement les fautes, puisque c'est lui qui les commet. Elle avait aussi abandonné, il est vrai, en en rejetant à tort toute la responsabilité sur Neumann, certaines déviations nationalistes (le mot d'ordre de « révolution populaire » substitué à celui de « révolution prolétarienne ») ; mais, en fait, la politique nationaliste continua, à peine moins accentuée. On insista beaucoup plus sur la solidarité des prolétariats français et allemand dans la lutte contre Versailles, ce qui semble excellent ; mais il n'y avait là que de la poudre jetée aux yeux du prolétariat allemand, le parti communiste français ne faisant pas grand-chose à cet égard en dehors de quelques titres tapageurs dans *L'Humanité*[1]. Il est vrai aussi que la conférence avait décidé d'orienter la propagande syndicale surtout vers la conquête d'une position solide à l'intérieur des syndicats réformistes ; on ne peut dire jusqu'à quel point ce mot d'ordre si tardif a été appliqué. Pour le front unique, la tactique est restée la même ; et, bien qu'en décembre et janvier un renouveau de

1. Nous ne devons pas nous dissimuler notre responsabilité dans la situation allemande. L'argument favori des hitlériens contre les communistes est : « Un ouvrier français est d'abord français, ensuite seulement ouvrier. » Nous aurions le droit d'organiser immédiatement une vaste campagne, par articles, tracts, brochures, ou réunions, ou par tous ces moyens, pour manifester au prolétariat allemand notre solidarité agissante, faire comprendre au peuple français que la France, par son impérialisme agressif et son attachement au système de Versailles, est directement responsable du mouvement hitlérien, enfin préparer un accueil fraternel aux camarades allemands que la terreur fasciste forcera peut-être bientôt à passer la frontière. Rester inactifs sur ce terrain serait une grave faute ; et, au cas où le parti communiste n'entreprendrait rien de sérieux en ce sens, elle ne ferait que rendre ce devoir plus impérieux pour les organisations indépendantes comme notre Fédération.

terreur hitlérienne ait créé dans les masses un vif courant en faveur du front unique, on n'a rien tenté pour rendre ces velléités efficaces en les faisant passer dans le domaine de l'organisation.

Après les journées du 20 juillet et du 7 novembre, celle du 22 janvier manifesta une fois de plus, et plus tragiquement encore, l'impuissance du parti communiste. Une semaine auparavant, les hitlériens avaient annoncé qu'ils organiseraient ce jour-là une manifestation en plein nord de Berlin, c'est-à-dire dans la partie rouge de la ville, et devant la maison même du parti communiste (maison Karl Liebknecht). La contre-manifestation annoncée par le parti communiste fut interdite. Le parti ne vit là qu'une provocation préparant une mesure d'interdiction contre lui ; et il resta inerte, avant, pendant et après la manifestation hitlérienne, en dehors de quelques appels dans sa presse et d'une contre-manifestation paisible organisée le 24 au même endroit, c'est-à-dire dans le quartier où il est maître. Péri, spécialement chargé, dans *L'Humanité*, de transformer en succès les défaites du parti allemand, chanta victoire, aussi bien à propos de quelques manifestations spontanées qui eurent lieu, le 22 janvier, sur le passage des hitlériens, qu'à propos de l'inertie où demeura le parti, inertie présentée comme un triomphe de la « discipline communiste ».

En fait l'appréciation donnée par le parti était entièrement fausse. Il ne s'agissait pas de préluder à l'interdiction du parti communiste ; une telle mise en scène aurait été inutile à cet effet. Il s'agissait, pour le fascisme, d'une sorte de répétition générale destinée à éprouver la force de résistance du prolétariat berlinois ; et, à l'expérience, cette force se révéla nulle. Certes le parti eut raison de ne pas envoyer ses militants au massacre ; mais le prolétariat a d'autres moyens de lutter. Ses forteresses à lui, ce sont les entreprises. Or les entreprises protestèrent, mais elles ne bougèrent pas. Et cependant, d'après la presse communiste, qui a dû dire la vérité sur ce point, les masses réformistes étaient soulevées par une vive indignation. Malgré cette indignation, et bien qu'averti plusieurs jours à l'avance, le parti ne fit aucune proposition de front unique d'organisation à organisation ; il s'en tint aux appels vagues et inefficaces à l'action spontanée des ouvriers. Comme de tels appels ne constituent pas une action, ni même une tentative d'action, on est forcé de dire qu'en cette journée décisive le parti communiste allemand a purement et simplement capitulé. Quelques jours après cette capitulation eut lieu l'événement prévu, redouté depuis si longtemps : Hitler fut nommé chancelier.

Cette nomination n'a pourtant pas décidé encore de l'issue de la lutte. Il est extrêmement grave que les bandes d'assassins fascistes aient à présent derrière elles le pouvoir d'État avec ses caisses, son appareil judiciaire, son appareil policier ; mais la bourgeoisie n'a pas encore livré l'Allemagne au fascisme ; elle a écarté les hitlériens de tous les ministères importants, et notamment du ministère de la Reichswehr. Hitler est forcé de continuer, à l'intérieur du ministère, la lutte qu'il mène depuis huit mois contre les partis de la grande bourgeoisie. Mais n'oublions pas qu'il garde entre les mains le même atout grâce auquel il a obtenu, malgré la répugnance de Hindenburg, le poste de chancelier ; à savoir le fait que le mouvement hitlérien est indispensable et risquerait de se décomposer si les partis purement bourgeois l'écartaient du pouvoir ou le domestiquaient.

Toute la question est donc de savoir qui, du prolétariat ou de la bourgeoisie, réalisera en premier lieu l'unité d'action dans ses propres rangs. La bourgeoisie est de beaucoup la plus avancée sur ce terrain. Certes, dès l'arrivée de Hitler au pouvoir, le parti communiste et la social-démocratie se sont lancé mutuellement des appels à l'unité d'action ; mais ils ont eu soin de les formuler de la manière la plus vague. Il y a eu d'autre part, ces derniers jours, un assez grand nombre de manifestations de masse et même de grèves dans lesquelles le front unique a été réalisé spontanément. Mais, même maintenant, on ne fait rien pour organiser ce front unique. De la social-démocratie on ne peut évidemment attendre aucune initiative à cet égard ; mais il lui serait assez difficile de refuser des propositions précises de front unique formulées par le parti communiste. Mais le parti communiste ne se décide pas à abandonner la tactique du front unique « seulement par en bas ». S'il va aux manifestations de masse organisées par la social-démocratie contre le fascisme, il n'en profite pas pour mettre les chefs social-démocrates au pied du mur ; il ne fait qu'y lancer, comme il a fait récemment au Lütsgarten, des appels vagues adressés seulements aux ouvriers, appels qui laissent bonzes réformistes et terroristes hitlériens dans une quiétude parfaite.

Quant à l'avenir du parti, il faut avant tout mettre les militants en garde contre les illusions. Il va sans doute y avoir des mouvements spontanés, grèves, batailles de rue, où les communistes seront en tête, parce que ceux qui vont se ranger sous le drapeau du communisme sont aussi d'ordinaire ceux qui sont les plus ardents et les plus résolus. Mais le parti comme tel n'aura le droit de porter à son actif que les actions dues, non à l'héroïsme individuel de ses membres, mais à la force qu'il possède en tant qu'organisation. L'héroïsme des meilleurs ouvriers allemands, qu'ils portent ou non la carte du parti, n'atténue pas, mais aggrave les responsabilités du parti communiste.

D'autre part, si le parti change sa ligne politique, il faut se demander non pas seulement si le changement est bon, mais s'il est assez complet et assez rapide. Ce n'est pas là une simple différence de degré, la situation est une de celles ou « la quantité se change en qualité ». Entre Rigoulot et un avorton, il n'y a qu'une différence de degré si on les met devant un poids de dix kilos ; si le poids est de cent kilos, il y a différence de nature. Si le parti corrige ses erreurs trop lentement ou trop faiblement, c'est comme s'il ne corrigeait rien.

Et même on peut douter de l'efficacité d'un changement radical au cas où ce changement ne serait qu'une volte-face bureaucratique, et n'aurait pas été précédé d'un examen honnête et libre de la situation à tous les échelons du parti. Car une volte-face bureaucratique n'offrirait aucune garantie, risquerait de dérouter les militants et de discréditer encore un peu plus le parti aux yeux des masses. La question décisive est donc celle de la démocratie à l'intérieur du parti ; or la démocratie ne se rétablit pas du jour au lendemain, ni surtout dans la semi-illégalité où se trouve réduit le parti en ce moment, et qui menace de s'aggraver de jour en jour.

Cependant, pour résoudre complètement la question de savoir si l'on peut garder quelque espoir dans la direction du parti communiste allemand, il faut examiner la structure intérieure du parti.

IX

LE COMMUNISME ALLEMAND

(suite)

Le parti communiste, surtout en Allemagne, où les autres tendances révolutionnaires n'existent à peu près pas, et où l'on aime tant à s'organiser, attire la fraction du prolétariat la plus consciente et la plus résolue. Quel vice caché dans l'organisation empêche les prolétaires dévoués et héroïques qui sont groupés dans le parti communiste allemand de servir effectivement leur classe ? Les simples adhérents au parti se posent parfois la question ; et ils se donnent à eux-mêmes comme réponse, avec une touchante bonne foi, la formule consacrée : « La base est responsable. »

La base, il est vrai, est assez mêlée. À côté de jeunes ouvriers qui, par leur maturité, leur résolution et leur courage, donnent l'impression d'être en mesure de bâtir une société nouvelle, elle en contient d'autres qui, poussés au communisme par le désespoir ou par le goût de l'aventure, auraient aussi bien pu aller au fascisme, et parfois en viennent ; on y trouve surtout beaucoup de nouveaux venus, pleins de bonne volonté, mais aussi d'ignorance. Dans l'ensemble il y a certainement, parmi eux, une capacité trop faible de décision et d'initiative. D'autre part, les fautes politiques du parti sont, sans aucun doute, appuyées à la base par des sentiments vifs. Beaucoup de communistes, notamment, se laissent aveugler par le dégoût légitime que leur inspire la social-démocratie ; et surtout les militants déjà âgés, qui n'ont pas oublié les jours tragiques où le ministre social-démocrate Noske se qualifiait lui-même de « chien sanglant ». Comme leur brusquerie fait dégénérer en disputes toutes leurs conversations avec les ouvriers social-démocrates, ils ignorent que ceux-ci éprouvent souvent, à l'égard de Noske, un dégoût semblable, et le proclament bien haut dans leur propre parti. En revanche on ne peut nier qu'il existe parmi les communistes un certain courant de sympathie à l'égard des hitlériens, dont parfois, notamment dans les grèves, l'énergie apparente contraste avantageusement avec les capitulations social-démocrates. On a souvent l'impression qu'ouvriers communistes et ouvriers hitlériens, dans leurs discussions, cherchent en vain à trouver le point de désaccord et frappent à vide. En pleine terreur hitlérienne, on pouvait entendre des hitlériens et des communistes regretter ensemble le temps où ils luttaient, comme ils disaient, « côte à côte », c'est-à-dire le temps du « plébiscite rouge » ; on pouvait entendre un communiste s'écrier : « Mieux vaut être nazi que social-démocrate. » Cependant de semblables paroles excitaient des protestations ; car il se trouve aussi, dans le parti communiste, un fort courant en faveur du front unique avec la social-démocratie. Beaucoup de communistes se rendent clairement compte qu'ils ne peuvent rien faire sans l'appui des ouvriers réformistes. La politique suivie en juillet les a rendus heureux ; ils n'ont pas vu ce qu'elle avait d'insuffisant, et ne se sont pas rendu compte qu'elle était abandonnée dès le début d'août. D'une manière générale, il y a, surtout depuis le 20 juillet, un malaise, qui s'est traduit par un renouveau de vie dans les cellules ; mais un malaise sourd. Longtemps les jeunes communistes n'ont pas eu conscience du caractère aigu de la situation, de la valeur inappréciable de chaque instant ; à cet égard, ils ont fait des progrès dans le courant du mois d'octobre, si l'on en croit le reportage de Berlioz. Néanmoins leur inquiétude, autant qu'on peut savoir, ne prend pas encore une forme articulée.

C'est l'appareil du parti qui empêche cette inquiétude de prendre une forme articulée, en laissant la menace d'exclusion pour déviation « trotskyste » ou « brandlérienne » suspendue sur la tête de chaque communiste. C'est l'appareil qui, en supprimant toute liberté d'expression à l'intérieur du parti, et en accablant les militants de tâches épuisantes et de petite envergure, anéantit tout esprit de décision et d'initiative, et empêche toute éducation véritable des nouveaux venus par les militants expérimentés. D'ailleurs cette masse de nouveaux venus aussi ignorants qu'enthousiastes est le véritable appui de l'appareil à l'intérieur du parti ; sans cette masse docile, comment réaliser ces changements complets d'orientation, accomplis sans discussion et en quelques jours, dont Piatnitsky félicite naïvement le parti allemand ? D'autre part, ces sentiments fort compréhensibles, mais si dangereux, de haine à l'égard des social-démocrates, et d'indulgence ou même de sympathie à l'égard des hitlériens, ont été, dans bien des occasions, encouragés par la politique imposée au parti par l'appareil. D'une manière générale, c'est l'appareil qui a mis la confusion dans l'esprit de chaque communiste allemand, en parant sa propre politique de tout le prestige de la révolution d'octobre ; exactement comme les prêtres ôtent toute faculté d'examen aux fidèles enthousiastes, en couvrant les pires absurdités par l'autorité de l'Église.

Si la responsabilité de la faiblesse du parti communiste allemand incombe à la direction, quel est le caractère d'une telle responsabilité ? Les trotskystes, à ce sujet, ont souvent répété : « Les fautes de la social-démocratie sont des trahisons, celles du parti communiste ne sont que des erreurs. » Certes l'Internationale communiste n'a encore rien fait de comparable au vote des crédits militaires le 4 août 1914, ou au massacre des spartakistes par la social-démocratie en 1919. Mais, si l'on s'en tient à la période présente, il est difficile de saisir le sens d'une telle formule. Est-ce à dire que la social-démocratie détourne les ouvriers de toute action révolutionnaire ; et que le parti communiste, s'il s'y prend mal pour préparer la révolution, engage du moins les ouvriers à chercher une issue dans cette voie ? Mais la révolution, ce n'est pas une religion par rapport à laquelle un mauvais croyant vaille mieux qu'un incrédule. C'est une tâche pratique. On ne peut pas plus être révolutionnaire par de simples paroles que maçon ou forgeron. Seule est révolutionnaire l'action qui prépare une transformation du régime ; ou encore les analyses et les mots d'ordre qui ne prêchent pas simplement, mais qui préparent une telle action. En ce sens il serait hasardeux d'affirmer que le parti communiste allemand, en tant qu'organisation, et indépendamment des sentiments de la base, est plus révolutionnaire que la social-démocratie ; encore celle-ci peut-elle se vanter d'avoir rendu des services beaucoup plus sérieux que lui, autrefois, sur le terrain des réformes. Ou bien la formule des trotskystes signifie-t-elle que les intentions des bureaucrates communistes sont plus pures que celles des bureaucrates social-démocrates ? La question est insoluble et d'ailleurs sans intérêt. Pratiquement, on peut, pour un parti ouvrier, nommer erreurs les fautes dues à une mauvaise appréciation des intérêts du prolétariat, trahisons les fautes dues à une liaison, d'ailleurs consciente ou inconsciente, mais organique, avec des intérêts opposés à ceux du prolétariat.

P.-S. : Où en est la question du front unique ? Le 5 février le bruit courait, selon Trotsky, que Moscou avait donné ordre de le réaliser.

Néanmoins, vers le milieu du mois, le parti communiste allemand a répondu par un refus brutal à la proposition, faite par le parti social-démocrate, d'un « pacte de non-agression ». La social-démocratie expliquait que chaque parti conserverait son point de vue et son indépendance, mais qu'on mettrait terme aux attaques haineuses. Cette proposition constituait une base de négociations très acceptable, et, dans ces négociations, le parti communiste, qui aurait naturellement proposé une unité d'action effective avec pleine liberté de critique des deux côtés, aurait trouvé un précieux appui auprès de la base même de la social-démocratie. Il s'est privé de cet appui en refusant même de négocier.

X
LE PARTI COMMUNISTE ALLEMAND
(fin)

Le parti communiste allemand, comme toutes les sections de l'Internationale, est organiquement subordonné à l'appareil d'État russe. Les bolcheviks, contraints par la nécessité, ont fait ce qu'avaient fait avant eux, comme l'a vu Marx, tous les révolutionnaires, à l'exception des communards ; à savoir perfectionner l'appareil d'État au lieu de le briser. « Briser la machine bureaucratique et militaire, c'est, comme l'écrivait Marx en avril 1871, la condition de toute révolution populaire sur le continent » ; et Lénine, après Marx, a montré, dans *L'État et la Révolution*, qu'un appareil d'État distinct de la population, composé d'une bureaucratie, d'une police, d'une armée permanente, a des intérêts distincts des intérêts de la population, et notamment du prolétariat. La politique intérieure russe n'a pas à être examinée ici. Mais l'appareil d'État de la nation russe, bien qu'issu d'une révolution, a, en tant qu'appareil permanent, des intérêts distincts de ceux du prolétariat mondial ; distincts, c'est-à-dire en partie identiques, en partie opposés. Peut-être pourrait-on considérer la célèbre doctrine du « socialisme dans un seul pays » comme constituant l'expression théorique de cette divergence.

Jusqu'où cette divergence va-t-elle ? Dans quelle mesure explique-t-elle l'orientation politique de l'Internationale communiste ? Nous n'en savons rien. Ce que nous savons, c'est que les principales fautes du parti communiste allemand, à savoir la lutte sectaire contre la social-démocratie considérée comme « l'ennemi principal », le sabotage du front unique, la participation au soi-disant « plébiscite rouge », la honteuse démagogie nationaliste, tout cela a été imposé au parti par l'Internationale (cf. notamment le n°s 21-22 de l'IC). Et, quand on parle de l'Internationale communiste, il ne faut pas oublier qu'il s'agit d'un appareil sans mandat, puisque le Congrès n'a pas été réuni depuis cinq ans ; un appareil irresponsable, qui se trouve entièrement entre les mains du Comité central russe. On l'a bien vu, quand le parti russe a exclu Zinoviev qui était à la tête de l'Internationale, sans consulter les autres sections, ni même leur donner des renseignements précis. Et, en ce qui concerne l'orientation nationaliste du parti allemand, nous savons qu'elle correspondait parfaitement bien à la politique extérieure de l'URSS, alors soucieuse avant tout d'empêcher que la France n'attire l'Allemagne dans un bloc antisoviétique. D'autre part, si les conversations entre Leipart et von Schleicher nous indignent, nous avons le droit de nous demander aussi ce que Litvinov, lors de son récent passage à Berlin, a pu dire à von Schleicher au cours de leur entretien particulier. Enfin, d'une manière générale, on remarque, dans les fautes du parti allemand, une continuité, une persévérance assez rares quand il y a une erreur fortuite ; et le Komintern emploie, contre ceux qui critiquent ces fautes, des méthodes assez semblables à celles qu'emploie un appareil d'État contre ceux qui menacent ses intérêts. Thorez et Semard l'ont montré, le jour où, à propos de l'Allemagne, ils ont fait assommer les trotskystes en pleine réunion publique.

Tout cela ne suffirait pas peut-être à justifier une accusation de trahison. Mais ce qui est certain, c'est qu'une transformation dans le régime intérieur du parti, transformation qui constituerait la condition première d'un redressement véritable, est directement contraire aux intérêts de l'appareil d'État russe. L'appareil d'État russe, comme tous les appareils d'État du monde, déporte, exile, tue directement ou indirectement ceux qui essayent de diminuer son pouvoir ; mais, comme État issu d'une révolution, il a besoin de pouvoir se dire approuvé par l'avant-garde du prolétariat mondial. C'est pourquoi, non seulement dans le parti russe, mais dans l'Internationale, la chasse aux oppositionnels prime toute autre considération. Étant donné la gravité de la situation en Allemagne, on peut dire que l'appareil du parti allemand, toutes les fois qu'il exclut un communiste pour désaccord avec la ligne du parti, trahit les ouvriers allemands pour sauver la bureaucratie d'État russe.

Contre le triple appareil du parti, du Komintern et de l'État russe, seuls luttent quelques minuscules groupements d'opposition. Leur opposition est d'ailleurs plus ou moins catégorique. Le « Leninbund », avec Urbahns, va jusqu'à refuser entièrement à l'URSS le titre d'État ouvrier ; les trotskystes, au contraire, d'ailleurs actifs et courageux, ont, à l'égard de « l'État ouvrier », du « parti de la classe ouvrière », un perpétuel souci de fidélité qui nuit souvent à la netteté de leur jugement[1]. Brandler, dont les partisans sont les seuls oppositionnels à avoir de l'influence dans les syndicats réformistes, va bien plus loin encore, puisqu'il approuve tout ce qui se fait en URSS, y compris les déportations. Quelques brandlériens, groupés autour de militants de valeur, tels que Frölich, ont fini par juger cette attitude comme une capitulation ; et, désespérant d'autre part de redresser le parti communiste, ils sont allés au petit « parti socialiste ouvrier », où les attirait la présence d'une jeunesse d'esprit vraiment révolutionnaire. Mais ils se sont ainsi trouvés pris dans une organisation qui joint, à la faiblesse numérique d'une secte, l'incohérence d'un mouvement de masse ; situation qui paralyse un militant. Au reste la lutte que mènent ces groupements est à peu près désespérée. Comment discréditer à l'intérieur du parti communiste une direction qui a tant de moyens d'y conserver son crédit ? Quant à tenter de discréditer le parti lui-même auprès du prolétariat, aucun oppositionnel ne l'oserait, de peur de favoriser ainsi le réformisme ou le

1. Le groupe trotskyste allemand n'est pas « liquidé », contrairement à ce que *L'Humanité* a annoncé bruyamment ; il a seulement perdu une fraction importante de ses membres (1/4, dit-on) qui a non seulement renié Trotsky, mais condamné toutes les oppositions. Un mois auparavant, les mêmes se vantaient d'être les meilleurs trotskystes. Le départ de tels éléments est un événement heureux pour le groupement ; mais la manière dont il s'est opéré semble indiquer un régime intérieur peu différent de celui du parti.

fascisme. Et, à la base, c'est à peine si, parmi de jeunes ouvriers communistes et social-démocrates, un mouvement en faveur d'un nouveau parti commence à se dessiner.

*

Ainsi voilà où en sont ces sept dixièmes de la population allemande qui aspirent au socialisme. Les inconscients, les désespérés, ceux qui sont prêts à toutes les aventures, sont, grâce à la démagogie hitlérienne, enrôlés comme troupes de guerre civile au service du capital financier ; les travailleurs prudents et pondérés sont livrés par la social-démocratie, pieds et poings liés, à l'appareil d'État allemand ; les prolétaires les plus ardents et les plus résolus sont maintenus dans l'impuissance par les représentants de l'appareil d'État russe.

Faut-il essayer de formuler des perspectives ? Les diverses combinaisons auxquelles peut aboutir le jeu des luttes et des alliances entre classes et fractions de classes fournissent autant de perspectives qu'on ne peut complètement repousser ; non pas même celle d'un soulèvement spontané du prolétariat et d'une nouvelle Commune à l'échelle de l'Allemagne. Poser les probabilités serait sans intérêt. D'ailleurs la signification des divers éléments de la situation allemande dépend entièrement des perspectives mondiales ; notamment du moment où se produira ce « tournant de la conjoncture », dont on parle à Berlin depuis plus de six mois ; du rythme selon lequel la prospérité se rétablira ; de l'ordre selon lequel elle touchera les différents pays. Nous ne pouvons rien dire de vraiment précis à ce sujet. La faiblesse du mouvement révolutionnaire est due sans doute en grande partie à cette ignorance où nous sommes des phénomènes économiques, ignorance au reste honteuse pour des matérialistes, et qui se réclament de Marx.

Du moins apercevons-nous clairement la décadence du régime, et même en dehors de la crise actuelle. De plus en plus les dépenses consacrées à la guerre économique, dont la guerre militaire peut être considérée comme un cas particulier, l'emportent sur les dépenses productives ; et, parallèlement, le système s'accroche de plus en plus aux appareils d'État, ces appareils qui, au cours de l'histoire, ont été toujours perfectionnés et jamais brisés. La limite idéale de cette évolution pourrait être définie comme le fascisme absolu, c'est-à-dire une emprise étouffante, sur toutes les formes de la vie sociale, d'un pouvoir d'État servant lui-même d'instrument au capital financier. Un retour de la prospérité peut interrompre en apparence cette évolution ; le danger restera le même tant que le régime continuera à se décomposer. Déjà la crise générale du régime semble s'étendre, non seulement aux restes de la véritable culture bourgeoise, mais au peu que nous possédons comme ébauches d'une culture nouvelle ; le mouvement ouvrier, le prolétariat, sont atteints matériellement et moralement, et surtout au moment actuel, par la décadence de l'économie capitaliste. Et l'on aurait tort d'être sûr que cette décadence ne peut arriver à étouffer aussi, et peut-être même sans agression militaire, les survivances de l'esprit d'Octobre en URSS. C'est en Allemagne qu'a lieu présentement l'attaque que mène la classe dominante, contrainte par la crise à aggraver sans cesse l'oppression qu'elle exerce ; et nous ne pouvons mesurer l'importance de la bataille qui peut-être, se livrera là-bas demain.

Au seuil d'une telle bataille, devant les formidables organisations économiques et politiques du capital, devant les bandes de terroristes hitlériens, devant les mitrailleuses de la Reichswehr, la classe ouvrière d'Allemagne se trouve seule et les mains nues. Ou plutôt on est tenté de se demander s'il ne vaudrait pas mieux encore pour elle se trouver les mains nues. Les instruments qu'elle a forgés, et qu'elle croit saisir, sont en réalité maniés par d'autres, pour la défense d'intérêts qui ne sont pas les siens.

P.-S. : En ce moment, dans le camp capitaliste, les contradictions s'affirment. Von Papen vient de lancer un appel en faveur d'un front « noir-blanc-rouge » comprenant les « partis bourgeois », c'est-à-dire les partis de droite à l'exclusion des national-socialistes. La *Deutsche*

Allgemeine Zeitung fait de la propagande contre l'intervention de l'État dans l'économie. La social-démocratie voit dans ces combats intérieurs de la bourgeoisie un signe de la faiblesse de Hitler, mais rien n'est moins sûr. Le ton des articles de la *Deutsche Allgemeine Zeitung*, semble exprimer une sorte de panique, comme si la grande bourgeoisie se sentait débordée par le mouvement hitlérien. Et quant à croire qu'elle se tournera jamais catégoriquement contre Hitler, dans les conditions actuelles, il ne serait pas raisonnable d'y compter ; ce serait rendre la voie libre pour un soulèvement du prolétariat, et la bourgeoisie le sait.

En fait, jusqu'ici, la position de Hitler ne cesse de se renforcer, et la terreur hitlérienne de s'accroître : ordres formels à la police d'attaquer systématiquement les partis de gauche, et assurance que les meurtres qu'elle commettra seront toujours couverts ; suppression de toute la presse communiste ; fermeture de la maison du parti (maison Karl Liebknecht) ; fermeture de l'école Karl Marx, école célèbre à Berlin, comprenant des cours primaires et secondaires, et des cours secondaires spéciaux pour jeunes ouvriers ; suppression de toutes les écoles laïques prévue pour Pâques ; création d'une police auxiliaire composée de membres des sections d'assaut hitlériennes et du Casque d'Acier, etc.

La résistance prend la forme de grèves locales d'un jour et de manifestations de masse, au cours desquelles le front unique est généralement réalisé entre organisations locales. Cette résistance reste incohérente et dispersée, à la manière des mouvements spontanés, et en somme, jusqu'ici, inefficace. Le front unique de même n'est réalisé que localement, partiellement, et d'une manière également incohérente, ce qui montre que les cadres se laissent entraîner par le courant spontané des masses en faveur de l'unité d'action au lieu de l'organiser. Ce courant est tous les jours plus fort ; un des signes en est les résolutions, d'ailleurs aussi vagues qu'ardentes, que prennent à ce sujet toutes les assemblées générales de syndicats réformistes qui ont lieu en ce moment.

Il y a eu propositions précises de front unique de la part des fédérations rouges des métaux et des bâtiments et de l'organisation syndicale rouge de Berlin aux organisations réformistes correspondantes ; et, bien entendu, sans résultats. Les organisations syndicales rouges d'Allemagne, qui, par leur activité et leur organisation, ne font que « reproduire le parti » (*ISR*, n°s 19-20, p. 914), à qui elles restent inférieures quant à leurs effectifs et à leur influence, sont trop faibles pour avoir des chances sérieuses de réaliser l'unité d'action avec les organisations réformistes correspondantes, sinon en allant jusqu'à l'extrême limite des concessions, c'est-à-dire en demandant à rentrer dans la Centrale réformiste. Il est difficile de dire de loin si cette tactique, recommandée par les trotskystes, serait ou non la meilleure.

En tout cas, l'on ne pourra croire que le parti communiste veut véritablement faire ce qui dépend de lui pour réaliser l'unité d'action du prolétariat que le jour où il fera lui-même, en tant que parti, des propositions assez précises et assez conciliantes pour mettre les dirigeants réformistes au pied du mur.

Or, jusqu'ici, malgré l'état d'esprit des masses et le danger pressant, le Comité central du parti n'a rien dit, depuis l'appel vague qu'il avait lancé au lendemain de la nomination de Hitler comme chancelier. On pourrait croire qu'il n'existe pas.

La situation en Allemagne II

LE CAMP OUVRIER

La situation est inchangée. Le 22 janvier, les hitlériens ont accompli la provocation qu'ils avaient annoncée une semaine à l'avance, en défilant en plein quartier rouge de Berlin, devant la maison même du parti communiste. La contre-manifestation communiste était interdite ; le parti communiste empêcha, avec raison, ses militants d'aller se faire massacrer dans la rue ; il lança en revanche des appels à la grève ; mais, malgré la vive indignation des masses social-démocrates devant la provocation hitlérienne, ces appels, adressés « aux ouvriers » en général, et sans propositions concrètes aux organisations, ne rencontrèrent aucun écho.

Cette passivité laissait la voie libre pour Hitler ; et celui-ci fut effectivement nommé chancelier quelques jours plus tard.

Il y eut de vives réactions de la classe ouvrière, au cours desquelles l'unité d'action fut réalisée à la base avec un plein succès (grève générale à Lübeck après le meurtre d'un bourgmestre social-démocrate, etc.) ; mais ces réactions se firent sans coordination, comme c'est toujours le cas pour les mouvements spontanés. Parti communiste et social-démocratie continuent à manœuvrer pour éviter le front unique en faisant semblant de le désirer. Le parti communiste a refusé brutalement une proposition de la social-démocratie (« pacte de non-agression », c'est-à-dire arrêt des attaques haineuses entre les deux partis) qui ouvrait tout au moins la voie à des négociations. Si seulement des négociations étaient entamées et si l'un des deux partis désirait réellement les faire aboutir à une unité d'action effective, il aurait les plus grandes chances d'y réussir, étant donné la poussée de la base. La situation est tellement claire qu'on doit supposer que l'Internationale communiste freine le mouvement révolutionnaire en Allemagne, aussi systématiquement que le fait la social-démocratie. Aucune « erreur » ne peut expliquer une telle politique. Quant aux propositions partielles de front unique (dans le cadre des organisations locales ou des fédérations syndicales), on ne peut y voir qu'une manœuvre destinée à donner le change au prolétariat, tant qu'elles ne seront pas accompagnées d'offres concrètes faites par le parti communiste lui-même, au parti social-démocrate lui-même.

Si le prolétariat allemand ne réalise pas, avec ou contre les partis qui disent le défendre, son unité d'action, il demeurera en fait impuissant, en dépit de l'héroïsme déployé dans les luttes partielles.

LE CAMP BOURGEOIS

Quelle est la portée exacte de la nomination de Hitler comme chancelier ?

Tout d'abord, il est clair qu'il n'a pas le pouvoir. Le pouvoir militaire (la Reichswehr) et le pouvoir économique sont aux mains de la grande bourgeoisie. Ce gouvernement, comme les deux précédents, ceux de von Papen et de von Schleicher, n'est qu'une étape, dans les efforts que fait la grande bourgeoisie allemande pour se servir, auprès des masses, de la démagogie hitlérienne, sans abandonner le pouvoir au mouvement hitlérien.

Il faut remarquer cependant le progrès continu accompli par le parti hitlérien non pas quant à ses effectifs, ni quant à ses succès électoraux, mais eu égard au rapport des forces à l'intérieur de la bourgeoisie. Von Papen essaya, en vain, de gouverner en écartant complètement Hitler du pouvoir ; von Schleicher essaya, tout aussi vainement, d'apprivoiser le mouvement hitlérien, en lui accordant un rôle de second ordre ; il fallut, malgré les vives répugnances de Hindenburg et de tous les grands bourgeois, accorder le pouvoir à Hitler.

Ce progrès a été accompli au moyen du chantage. La grande bourgeoisie est résolue à accorder le moins possible à Hitler ; mais comme elle ne peut, sans compromettre jusqu'à son existence, se passer du mouvement hitlérien ni même le laisser s'affaiblir, ce minimum signifie en fait des concessions de plus en plus considérables. Le chantage continue à l'intérieur du gouvernement. Tant que Hitler gardera en main l'atout qui lui a permis d'obtenir le poste de chancelier, la bourgeoisie allemande devra lui accorder une part sans cesse croissante du pouvoir, et finalement, peut-être, le pouvoir total. Déjà, il a remporté un succès, dit-on, en installant ses amis dans les principaux postes de l'administration et de la police en Prusse. Ce n'est pas que la possibilité d'une rupture entre la grande bourgeoisie et lui soit complètement exclue ; mais une telle rupture entraînerait aussitôt une situation si évidemment dangereuse, devant un prolétariat que les provocations fascistes ont fait jusqu'à un certain point sortir de sa passivité, qu'elle ne ferait peut-être que précipiter la capitulation de la grande bourgeoisie devant les exigences de Hitler. D'une manière générale, on peut dire que, d'une part, les fautes, les revirements, les divisions intérieures de la bourgeoisie et, d'autre part, les succès partiels du prolétariat, renforcent la position de Hitler, du fait que Hitler s'appuie uniquement sur la crainte qu'éprouve en ce moment la bourgeoisie devant la menace d'un soulèvement ouvrier. Faute d'hommes audacieux, décidés, intelligents, à la tête du prolétariat allemand, celui-ci ne peut profiter assez rapidement de ses avantages momentanés et des faiblesses momentanées de l'adversaire ; dès lors la bourgeoisie, quand elle s'est mise dans une situation dangereuse, a le temps d'en prendre conscience et d'y parer en s'aidant de la démagogie et des bandes terroristes que le mouvement hitlérien met à sa disposition. Tous les événements qui effrayent la bourgeoisie allemande, sans constituer pour elle une défaite effective, rapprochent le moment où le fascisme triomphera. Tel a été le cas de la grève des transports de Berlin.

Un seul événement, en dehors d'une insurrection victorieuse du prolétariat, pourrait, semble-t-il, compromettre la situation de Hitler ; ce serait un redressement rapide de l'économie allemande. Un tel redressement consoliderait sans doute le fascisme, comme en Italie, s'il se produisait après la conquête du pouvoir effectif par Hitler ; mais, s'il se produit avant que les partis de la grande bourgeoisie aient abandonné le pouvoir au national-socialisme, un retour de la prospérité pousserait sans doute la bourgeoisie à tenter d'adoucir la lutte des classes ; et la social-démocratie reviendrait peut-être en ce cas au premier plan de la scène politique.

En résumé, si l'on admet que l'économie tend vers une nouvelle période de prospérité, que la bourgeoisie allemande tend à s'unir derrière le parti hitlérien, que le prolétariat allemand tend à s'unir derrière les ouvriers révolutionnaires, tout dépend du rythme selon lequel se développeront, les uns par rapport aux autres, ces trois facteurs décisifs.

Perspectives
Allons-nous vers la révolution prolétarienne ?

> Je n'ai que mépris pour le mortel qui se réchauffe avec des espérances creuses.
>
> SOPHOCLE

Le moment depuis longtemps prévu est arrivé, où le capitalisme est sur le point de voir son développement arrêté par des limites infranchissables. De quelque manière que l'on interprète le phénomène de l'accumulation, il est clair que capitalisme signifie essentiellement expansion économique et que l'expansion capitaliste n'est plus loin du moment où elle se heurtera aux limites mêmes de la surface terrestre. Et cependant jamais le socialisme n'a été annoncé par moins de signes précurseurs. Nous sommes dans une période de transition ; mais transition vers quoi ? Nul n'en a la moindre idée. D'autant plus frappante est l'inconsciente sécurité avec laquelle on s'installe dans la transition comme dans un état définitif, au point que les considérations concernant la crise du régime sont passées un peu partout à l'état de lieu commun. Certes, on peut toujours croire que le socialisme viendra après-demain, et faire de cette croyance un devoir ou une vertu ; tant que l'on entendra de jour en jour par après-demain le surlendemain du jour présent, on sera sûr de n'être jamais démenti ; mais un tel état d'esprit se distingue mal de celui des braves gens qui croient, par exemple, au Jugement dernier. Si nous voulons traverser virilement cette sombre époque, nous nous abstiendrons, comme l'Ajax de Sophocle, de nous réchauffer avec des espérances creuses.

*

Tout au long de l'histoire, des hommes ont lutté, ont souffert et sont morts pour émanciper des opprimés. Leurs efforts, quand ils ne sont pas demeurés vains, n'ont jamais abouti à autre chose qu'à remplacer un régime d'oppression par un autre. Marx, qui en avait fait la remarque, a cru pouvoir établir scientifiquement qu'il en est autrement de nos jours, et que la lutte des opprimés aboutirait à présent à une émancipation véritable, non à une oppression nouvelle. C'est cette idée, demeurée parmi nous comme un article de foi, qu'il serait nécessaire d'examiner à nouveau, à moins de vouloir fermer systématiquement les yeux sur les événements des vingt dernières années. Épargnons-nous les désillusions de ceux qui, ayant lutté pour Liberté, Égalité, Fraternité, se sont trouvés un beau jour avoir obtenu, comme dit Marx, Infanterie, Cavalerie, Artillerie. Encore ceux-là ont-ils pu tirer quelque enseignement des surprises de l'histoire ; plus triste est le sort de ceux qui ont péri en 1792 ou 1793, dans la rue ou aux frontières, dans la persuasion qu'ils payaient de leur vie la liberté du genre humain. Si nous devons périr dans les batailles futures, faisons de notre mieux pour nous préparer à périr avec une vue claire du monde que nous abandonnerons.

La Commune de Paris a donné un exemple, non seulement de la puissance créatrice des masses ouvrières en mouvement, mais aussi de l'incapacité radicale d'un mouvement spontané quand il s'agit de lutter contre une force organisée de répression. Août 1914 a marqué la faillite de l'organisation des masses prolétariennes, sur le terrain politique et syndical, dans les cadres du régime. Dès ce moment, il a fallu abandonner une fois pour toutes l'espérance placée dans ce mode d'organisation non seulement par les réformistes, mais par Engels. En revanche, octobre 1917 vint ouvrir de nouvelles et radieuses perspectives. On avait enfin trouvé le moyen de lier l'action légale à l'action illégale, le travail systématique des militants disciplinés au bouillonnement spontané des masses. Partout dans le monde devaient se former des partis communistes auxquels le parti bolchevik communiquerait son savoir ; ils devaient remplacer la social-démocratie, qualifiée par Rosa, dès août 1914, de « cadavre puant », et qui n'allait pas tarder à disparaître de la scène de l'histoire ; ils devaient s'emparer du pouvoir à brève échéance. Le régime politique créé spontanément par les ouvriers de Paris en 1871, puis par ceux de Saint-Pétersbourg en 1905, devait s'installer solidement en Russie, et couvrir bientôt la surface du monde civilisé. Certes, l'écrasement de la Révolution russe par une intervention brutale de l'impérialisme étranger pouvait anéantir ces brillantes perspectives ; mais, à moins d'un semblable écrasement, Lénine et Trotsky étaient sûrs d'introduire dans l'histoire précisément cette série de transformations et non pas une autre.

Quinze ans se sont écoulés. La Révolution russe n'a pas été écrasée. Ses ennemis extérieurs et intérieurs ont été vaincus. Cependant, nulle part sur la surface du globe, y compris le territoire russe, il n'y a de Soviets ; nulle part sur la surface du globe, y compris le territoire russe, il n'y a de parti communiste proprement dit. Le « cadavre puant » de la social-démocratie a continué quinze ans durant à corrompre l'atmosphère politique, ce qui n'est guère le fait d'un cadavre ; s'il a été finalement en grande partie balayé, ç'a été par le fascisme et non par la révolution. Le régime issu d'Octobre, et qui devait s'étendre ou périr, s'est fort bien adapté, quinze ans durant, aux limites des frontières nationales ; son rôle à l'extérieur consiste à présent, comme les événements d'Allemagne le montrent avec évidence, à étrangler la lutte révolutionnaire du prolétariat. La bourgeoisie réactionnaire a fini par s'apercevoir elle-même qu'il est bien près d'avoir perdu toute force d'expansion, et se demande si elle ne pourrait pas à présent l'utiliser en contractant avec lui, en vue des guerres futures, des alliances défensives et offensives (cf. la *Deutsche Allgemeine Zeitung* du 27 mai). À vrai dire, ce régime ressemble au régime que croyait instaurer Lénine dans la mesure où il exclut presque entièrement la propriété capitaliste ; pour tout le reste, il en est très exactement le contre-pied. Au lieu d'une liberté effective de la presse, l'impossibilité d'exprimer un jugement libre sous forme de document imprimé, ou dactylographié, ou manuscrit, ou même par la simple parole, sans risquer la déportation ; au lieu du libre jeu des partis dans les cadres du système soviétique, « un parti au pouvoir, et tous les autres en prison » ; au lieu d'un parti communiste destiné à rassembler, en vue d'une libre coopération, les hommes qui posséderaient le plus haut degré de dévouement, de conscience, de culture, d'esprit critique, une simple machine administrative, instrument passif aux mains du

Secrétariat, et qui, au dire de Trotsky lui-même, n'a d'un parti que le nom ; au lieu de soviets, de syndicats et de coopératives fonctionnant démocratiquement et dirigeant la vie économique et politique, des organismes portant à vrai dire les mêmes noms, mais réduits à de simples appareils administratifs ; au lieu du peuple armé et organisé en milices pour assurer à lui seul la défense à l'extérieur et l'ordre à l'intérieur, une armée permanente, une police non contrôlée et cent fois mieux armée que celle du tsar ; enfin et surtout, au lieu des fonctionnaires élus, sans cesse contrôlés, sans cesse révocables, qui devaient assurer le gouvernement en attendant le moment où « chaque cuisinière apprendrait à gouverner l'État », une bureaucratie permanente, irresponsable, recrutée par cooptation, et possédant, par la concentration entre ses mains de tous les pouvoirs économiques et politiques, une puissance jusqu'ici inconnue dans l'histoire.

La nouveauté même d'un semblable régime le rend difficile à analyser. Trotsky persiste à dire qu'il s'agit d'une « dictature du prolétariat », d'un « État Ouvrier » bien qu'à « déformations bureaucratiques » et que, concernant la nécessité, pour un tel régime, de s'étendre ou de périr, Lénine et lui ne se sont trompés que sur les délais. Mais quand une erreur de quantité atteint de telles proportions, il est permis de croire qu'il s'agit d'une erreur portant sur la qualité, autrement dit sur la nature même du régime dont on veut définir les conditions d'existence. D'autre part, nommer un État « État Ouvrier » quand on explique par ailleurs que chaque ouvrier y est placé, économiquement et politiquement, à l'entière discrétion d'une caste bureaucratique, cela ressemble à une mauvaise plaisanterie. Quant aux « déformations », ce terme, singulièrement mal à sa place concernant un État dont tous les caractères sont exactement l'opposé de ceux que comporte théoriquement un État ouvrier, semble indiquer que le régime stalinien serait une sorte d'anomalie ou de maladie de la Révolution russe. Mais la distinction entre le pathologique et le normal n'a pas de valeur théorique. Descartes disait qu'une horloge détraquée n'est pas une exception aux lois de l'horloge, mais un mécanisme différent obéissant à ses lois propres ; de même il faut considérer le régime stalinien, non comme un État ouvrier détraqué, mais comme un mécanisme social différent, défini par les rouages qui le composent, et fonctionnant conformément à la nature de ces rouages. Et, alors que les rouages d'un État ouvrier seraient les organisations démocratiques de la classe ouvrière, les rouages du régime stalinien sont exclusivement les pièces d'une administration centralisée dont dépend entièrement toute la vie économique, politique et intellectuelle du pays. Pour un tel régime, le dilemme « s'étendre ou périr » non seulement n'est plus valable, mais n'a même plus de sens ; le régime stalinien, en tant que système d'oppression est aussi peu contagieux que pouvait l'être l'Empire pour les pays voisins de la France. La vue selon laquelle le régime stalinien constituerait une simple transition, soit vers le socialisme, soit vers le capitalisme, apparaît également comme arbitraire. L'oppression des ouvriers n'est évidemment pas une étape vers le socialisme. La « machine bureaucratique et militaire » qui constituait, aux yeux de Marx, le véritable obstacle à la possibilité d'une marche continue vers le socialisme par la simple accumulation de réformes successives, n'a sans doute pas perdu cette propriété du fait que, contrairement aux prévisions, elle survit à l'économie capitaliste. Quant à la restauration du capitalisme, qui ne pourrait se produire que comme une sorte de colonisation, elle n'est nullement impossible, en raison de l'avidité propre à tous les impérialismes et de la faiblesse économique et militaire de l'URSS ; cependant, les rivalités qui opposent les divers impérialismes empêchent, jusqu'ici, que le rapport des forces soit écrasant pour la Russie. En tout cas, la bureaucratie soviétique ne s'oriente nullement vers une capitulation, de sorte que le terme de transition serait de toutes manières impropre. Rien ne permet de dire que la bureaucratie d'État russe prépare le terrain pour une domination autre que la sienne propre, qu'il s'agisse de la domination du prolétariat ou de la bourgeoisie. En réalité, toutes les explications embarrassées par lesquelles les militants formés par le bolchevisme essayent de se dispenser de reconnaître la fausseté radicale des perspectives posées en octobre 1917 reposent sur le même préjugé que ces perspectives elles-mêmes, à savoir sur l'affirmation, considérée comme un dogme, qu'il ne peut y avoir actuellement que deux types d'État, l'État capitaliste et l'État ouvrier. À ce dogme, le développement du régime issu d'Octobre apporte le plus brutal démenti. D'État ouvrier, il n'en a jamais existé sur la surface de la terre, sinon quelques semaines à Paris, en 1871, et quelques mois peut-être en Russie, en 1917 et 1918. En revanche, règne sur un sixième du globe, depuis près de quinze ans, un État aussi oppressif que n'importe quel autre, et qui n'est ni capitaliste ni ouvrier. Certes, Marx n'avait rien prévu de semblable. Mais Marx non plus ne nous est pas aussi cher que la vérité.

L'autre phénomène capital de notre époque, je veux dire le fascisme ne rentre pas plus aisément que l'État russe dans les schémas du marxisme classique. Là-dessus aussi, bien entendu, il existe des lieux communs propres à sauver de la pénible obligation de réfléchir. Comme l'URSS est un « État Ouvrier » plus ou moins « déformé », le fascisme est un mouvement des masses petites-bourgeoises, reposant sur la démagogie, et qui constitue « la dernière carte de la bourgeoisie avant le triomphe de la Révolution ». Car la dégénérescence du mouvement ouvrier a amené les théoriciens à représenter la lutte des classes comme un duel ou un jeu entre partenaires conscients, et chaque événement social ou politique comme une manœuvre de l'un des partenaires ; conception qui n'a pas plus de rapports avec le matérialisme que la mythologie grecque. Il existe des cercles restreints de grands financiers, de grands industriels, des politiciens réactionnaires qui défendent consciemment ce qu'ils pensent être les intérêts politiques de l'oligarchie capitaliste ; mais ils sont bien incapables aussi bien d'empêcher que de susciter un mouvement de masses comme le fascisme, ou même de le diriger. En fait, ils l'ont tantôt aidé, tantôt combattu, ont tenté vainement de s'en faire un instrument docile et ont fini par capituler eux-mêmes devant lui. Certes, c'est la présence d'un prolétariat exaspéré qui fait pour eux de cette capitulation un moindre mal. Néanmoins le fascisme est tout autre chose qu'une carte entre leurs mains. La brutalité avec laquelle Hitler a congédié Hugenberg comme un domestique, et cela malgré les protestations de Krupp, est significative à cet égard. Il ne faut pas non plus oublier que le fascisme met radicalement fin à ce jeu des partis né du régime bourgeois et qu'aucune dictature bourgeoise, même en temps de guerre, n'avait encore supprimé ; et qu'il a installé à la place un régime politique dont la structure est à peu près celle du régime russe tel que l'a défini Tomsky : « un parti au pouvoir et tous les autres en prison ». Ajoutons que la subordination mécanique du parti au chef est la même dans les deux cas, et assurée, dans les deux cas, par la police. Mais la souveraineté politique n'est rien sans la souveraineté économique ; aussi le fascisme tend-il à se rapprocher du régime russe aussi sur le terrain économique, par la concentration de tous les pouvoirs, aussi bien économiques que politiques, entre les mains du chef de l'État. Mais, sur ce terrain, le fascisme se heurte à la propriété capitaliste qu'il ne veut pas détruire. Il y a là une contradiction dont on voit mal à quoi elle peut mener. Mais, de même que le mécanisme de l'État russe ne peut être expliqué par de simples « déformations », de même cette contradiction essentielle du mouvement fasciste ne peut être expliquée par la simple démagogie. Ce qui est sûr, c'est que, si le fascisme italien n'a obtenu la concentration des pouvoirs politiques qu'après de longues années qui ont épuisé son élan, le national-socialisme au contraire, parvenu au même résultat en moins de six mois, renferme encore une immense énergie et tend à aller beaucoup plus loin. Comme le montre notamment un rapport d'une grande société anonyme allemande que *L'Humanité* a cité sans en apercevoir la signification, la bourgeoisie s'inquiète devant la menace de l'empire étatique. Et effectivement Hitler a créé des organismes ayant un pouvoir souverain pour condamner ouvriers ou patrons à dix ans de travaux forcés et confisquer les entreprises.

L'on essaye vainement, pour faire rentrer à tout prix le national-socialisme dans les cadres du marxisme, de trouver à l'intérieur même du mouvement une forme déguisée de la lutte des classes entre la base, instinctivement socialiste, et les chefs, qui représenteraient les intérêts du grand capital et auraient pour tâche de duper les masses par une savante démagogie. Tout d'abord, rien ne permet d'affirmer avec certitude que Hitler et ses lieutenants, quels que soient leurs liens avec le capital monopolisateur, en sont de simples instruments. Et surtout l'orientation des masses hitlériennes, si elle est violemment anticapitaliste, n'est nullement socialiste, non plus que la propagande démagogique des chefs ; car il s'agit de remettre l'économie non pas entre les mains des producteurs groupés en organisations démocratiques, mais bien entre les mains de l'appareil d'État. Or, bien que l'influence des réformistes et des staliniens l'ait fait oublier depuis longtemps, le socialisme, c'est la souveraineté économique des travailleurs et non pas de la machine bureaucratique et militaire de l'État. Ce qu'on nomme l'aile « national-bolchevique » du mouvement hitlérien n'est donc nullement socialiste. Ainsi les deux phénomènes politiques qui dominent notre époque ne peuvent ni l'un ni l'autre être situés dans le tableau traditionnel de la lutte des classes. Il en est de même pour toute une série de mouvements contemporains issus de l'après-guerre, et remarquables par leurs affinités aussi bien avec le stalinisme qu'avec le fascisme. Telle est, par exemple, la revue allemande *Die Tat*, qui groupe une pléiade de jeunes et brillants économistes, est extrêmement proche du national-socialisme et considère l'URSS comme le modèle de l'État futur, à l'abolition de la propriété privée près ; elle préconise actuellement une alliance militaire entre la Russie et l'Allemagne hitlérienne. En France, nous avons quelques cercles, comme celui de la revue *Plans*, où se retrouve une semblable ambiguïté. Mais le mouvement le plus significatif à cet égard, c'est ce mouvement technocratique qui a, dit-on, en un court espace de temps, couvert la surface des États-Unis ; on sait qu'il préconise, dans les limites d'une économie nationale fermée, l'abolition de la concurrence et des marchés et une dictature économique exercée souverainement par les techniciens. Ce mouvement, qu'on a souvent rapproché du stalinisme et du fascisme, a d'autant plus de portée qu'il ne semble pas être sans influence sur le cercle d'intellectuels de Columbia qui sont en ce moment les conseillers de Roosevelt. De pareils courants d'idées sont quelque chose d'absolument nouveau et qui donne à notre époque son caractère propre. Au reste, la période actuelle, si confuse soit-elle et si riche en courants politiques de toutes sortes, anciens et nouveaux, ne semble guère manquer que du mouvement même qui, d'après les prévisions, devrait en constituer le caractère essentiel, à savoir la lutte pour l'émancipation économique et politique des travailleurs. Il y a bien, dispersés çà et là et désunis par d'obscures querelles, une poignée de vieux syndicalistes et de communistes sincères ; il y a même quelques petites organisations qui ont gardé à peu près intacts les mots d'ordre socialistes. Mais l'idéal d'une société régie, sur le terrain économique et politique, par la coopération des travailleurs ne conduit presque plus aucun mouvement des masses, soit spontané, soit organisé ; et cela au moment même où il n'est question, dans tous les milieux, que de la faillite du capitalisme.

Devant cet état de choses, l'on est contraint, si l'on veut regarder la réalité en face, de se demander si le successeur du régime capitaliste ne doit pas être, plutôt que la libre association des producteurs, un nouveau système d'oppression. Je voudrais à ce sujet soumettre une idée, à titre de simple hypothèse, à l'examen des camarades. On peut dire en abrégeant que l'humanité a connu jusqu'ici deux formes principales d'oppression, l'une, esclavage ou servage, exercée au nom de la force armée, l'autre au nom de la richesse transformée ainsi en capital ; il s'agit de savoir s'il n'est pas en ce moment en train de leur succéder une oppression d'une espèce nouvelle, l'oppression exercée au nom de la fonction.

*

La lecture même de Marx montre avec évidence que déjà, il y a un demi-siècle, le capitalisme avait subi des modifications profondes et de nature à transformer le mécanisme même de l'oppression. Cette transformation n'a fait que s'accentuer depuis la mort de Marx jusqu'à nos jours, et à un rythme particulièrement accéléré durant la période d'après-guerre. Déjà dans Marx il apparaît que le phénomène qui définit le capitalisme, à savoir l'achat et la vente de la force de travail, est devenu, au cours du développement de la grande industrie, un facteur subordonné dans l'oppression des masses laborieuses ; l'instant décisif, quant à l'asservissement du travailleur, n'est plus celui où, sur le marché du travail, l'ouvrier vend son temps au patron, mais celui où, à peine le seuil de l'usine franchi, il est happé par l'entreprise. On connaît, à ce sujet, les terribles formules de Marx : « Dans l'artisanat et la manufacture, le travailleur se sert de l'outil ; dans la fabrique, il est au service de la machine. » « Dans la fabrique, existe un mécanisme mort indépendant des ouvriers, et qui se les incorpore comme des rouages vivants. » « Le renversement (du rapport entre le travailleur et les conditions du travail) ne devient une réalité saisissable dans la technique elle-même qu'avec le machinisme. » « La séparation des forces spirituelles du procès de production d'avec le travail manuel, et leur transformation en forces d'oppression du capital sur le travail, s'accomplit pleinement [...] dans la grande industrie construite sur la base du machinisme. Le détail de la destinée individuelle [...] de l'ouvrier travaillant à la machine disparaît comme une mesquinerie devant la science, les formidables forces naturelles et le travail collectif qui sont cristallisés dans le système des machines et constituent la puissance du maître. » Si l'on néglige la manufacture, qui peut être regardée comme une simple transition, on peut dire que l'oppression des ouvriers salariés, d'abord fondée essentiellement sur les rapports de propriété et d'échange, au temps des ateliers, est devenue par le machinisme un simple aspect des rapports contenus dans la technique même de la production. À l'opposition créée par l'argent entre acheteurs et vendeurs de la force de travail s'est ajoutée une autre opposition, créée par le moyen même de la production, entre ceux qui disposent de la machine et ceux dont la machine dispose. L'expérience russe a montré que, contrairement à ce que Marx a trop hâtivement admis, la première de ces oppositions peut être supprimée sans que disparaisse la seconde. Dans les pays capitalistes, ces deux oppositions coexistent, et cette coexistence crée une confusion considérable. Les mêmes hommes se vendent au capital et servent la machine ; au contraire, ce ne sont pas toujours les mêmes hommes qui disposent des capitaux et qui dirigent l'entreprise. À vrai dire, il existait encore, il n'y a pas bien longtemps, une catégorie d'ouvriers qui, tout en étant salariés, n'étaient pas de simples rouages vivants au service des machines, mais exécutaient au contraire leur travail en utilisant les machines avec autant de liberté, d'initiative et d'intelligence que l'artisan qui manie son outil ; c'était les ouvriers qualifiés. Cette catégorie d'ouvriers qui, dans chaque entreprise, constituait le facteur essentiel de la production, a été à peu près supprimée par la rationalisation ; à présent un régleur se charge de disposer une certaine quantité de machines selon les exigences du travail à exécuter et le travail est accompli sous ses ordres par des manœuvres spécialisés, capables seulement de faire fonctionner un type de machine et un seul par des gestes toujours identiques et auxquels l'intelligence n'a aucune part. Ainsi l'usine est partagée, actuellement, en deux camps nettement délimités, ceux qui exécutent le travail sans y prendre à proprement parler aucune part active, et ceux qui dirigent le travail sans rien exécuter. Entre ces deux fractions de la population d'une entreprise, la machine elle-même constitue une barrière infranchissable. En même temps, le développement du système des sociétés anonymes a établi une barrière, à vrai dire moins nette, entre ceux qui dirigent l'entreprise et ceux qui la possèdent. Un homme comme Ford, à la fois capitaliste et chef d'entreprise, apparaît de nos jours comme une survivance du passé, ainsi que l'a remarqué l'économiste américain Pound. « Les entreprises, écrit Palewski dans un livre paru en 1928, tendent de plus en plus à échapper des mains de ces capitaines d'industrie, chefs et possesseurs primitifs de l'affaire [...]. L'ère des conquérants tend peu à peu à n'être que le passé. Nous arrivons à l'époque qu'on a pu appeler l'ère des techniciens de la direction, et ces techniciens sont aussi éloignés des ingénieurs et des capitalistes que des ouvriers. Le chef n'est plus un capitaliste maître de l'entreprise, il est remplacé par un conseil de techniciens. Nous vivons encore sur ce passé si proche et l'esprit a quelque peine à saisir cette évolution. »

Ici encore, il s'agit d'un phénomène que Marx avait aperçu. Seulement, tandis qu'au temps de Marx, le personnel administratif de l'entreprise n'était guère qu'une équipe d'employés au service des capitalistes, de nos jours, en face des petits actionnaires réduits au simple rôle de parasites et des grands capitalistes principalement occupés du jeu financier, les « techniciens de la direction » constituent une couche sociale distincte, dont l'importance tend à croître et qui absorbe par diverses voies une quantité considérable des profits. Laurat, analysant dans son livre sur l'URSS le mécanisme de l'exploitation exercée par la bureaucratie, note que « la consommation personnelle des bureaucrates », consommation disproportionnée, dans l'ensemble, avec « la valeur des services rendus par eux, « effectuée régulièrement et à titre de revenu fixe », s'opère quasi indépendamment des nécessités d'accumulation qui ne se matérialisent dans la rubrique « bénéfices » que lorsque les « frais d'administration », c'est-à-dire les besoins de la bureaucratie, sont couverts ; et il oppose à ce système le système capitaliste où « la nécessité de l'accumulation prime le versement du dividende ». Mais il oublie que, si l'accumulation passe avant les dividendes, les « frais d'administration » dans les sociétés capitalistes tout comme en URSS, passent avant l'accumulation. Jamais ce phénomène n'a été si frappant qu'aujourd'hui, où des entreprises proches de la faillite, ayant renvoyé une foule d'ouvriers, travaillant au tiers ou au quart de leur capacité de production, conservent presque intact un personnel administratif composé de quelques directeurs grassement rétribués et d'employés mal payés, mais en quantité tout à fait disproportionnée avec le rythme de la production. Ainsi il y a, autour de l'entreprise, trois couches sociales bien distinctes : les ouvriers, instruments passifs de l'entreprise, les capitalistes dont la domination repose sur un système économique en voie de décomposition, et les administrateurs qui s'appuient au contraire sur une technique dont l'évolution ne fait qu'augmenter leur pouvoir.

Ce développement de la bureaucratie dans l'industrie n'est que l'aspect le plus caractéristique d'un phénomène tout à fait général. L'essentiel de ce phénomène consiste dans une spécialisation qui s'accentue de jour en jour. La transformation qui a eu lieu dans l'industrie, où les ouvriers qualifiés, capables de comprendre et de manier toutes sortes de machines, ont été remplacés par des manœuvres spécialisés, automatiquement dressés à servir une seule espèce de machine, cette transformation est l'image d'une évolution qui s'est produite dans tous les domaines. Si les ouvriers sont de plus en plus dépourvus de connaissances techniques, les techniciens, non seulement sont souvent assez ignorants de la pratique du travail, mais encore leur compétence est, en bien des cas, limitée à un domaine tout à fait restreint ; en Amérique on s'est même mis à créer des ingénieurs spécialisés, comme de vulgaires manœuvres, dans une catégorie déterminée de machines, et, chose significative, l'URSS s'est empressée d'imiter l'Amérique sur ce point. Il va de soi, au reste, que les techniciens ignorent les fondements théoriques des connaissances qu'ils utilisent. Les savants, à leur tour, non seulement restent étrangers aux problèmes techniques, mais sont de plus entièrement privés de cette vue d'ensemble qui est l'essence même de la culture théorique. On pourrait compter sur les doigts, dans le monde entier, les savants qui ont un aperçu de l'histoire et du développement de leur propre science ; il n'en est point qui soit réellement compétent à l'égard des sciences autres que la sienne propre. Comme la science forme un tout indivisible, on peut dire qu'il n'y a plus à proprement parler de savants, mais seulement des manœuvres du travail scientifique, rouages d'un ensemble que leur esprit n'embrasse point. On pourrait multiplier les exemples. Dans presque tous les domaines, l'individu, enfermé dans les limites d'une compétence restreinte, se trouve pris dans un ensemble qui le dépasse, sur lequel il doit régler toute son activité, et dont il ne peut comprendre le fonctionnement. Dans une telle situation, il est une fonction qui prend une importance primordiale, à savoir celle qui consiste simplement à coordonner ; on peut la nommer fonction administrative ou bureaucratique. La rapidité avec laquelle la bureaucratie a envahi presque toutes les branches de l'activité humaine est quelque chose de stupéfiant dès qu'on y songe. L'usine rationalisée, où l'homme se trouve privé, au profit d'un mécanisme inerte, de tout ce qui est initiative, intelligence, savoir, méthode, est comme une image de la société actuelle. Car la machine bureaucratique, pour être formée de chair, et de chair bien nourrie, n'en est pas moins aussi irresponsable et aussi inconsciente que les machines de fer et d'acier. Toute l'évolution de la société actuelle tend à développer les diverses formes d'oppression bureaucratique et à leur donner une sorte d'autonomie par rapport au capitalisme proprement dit. Aussi notre devoir est-il de définir ce nouveau facteur politique plus clairement que n'a pu le faire Marx. À vrai dire, Marx avait bien aperçu la force d'oppression que constitue la bureaucratie. Il avait parfaitement vu que le véritable obstacle aux réformes émancipatrices n'est pas le système des échanges et de la propriété, mais « la machine bureaucratique et militaire » de l'État. Il avait bien compris que la tare la plus honteuse qu'ait à effacer le socialisme, ce n'est pas le salariat, mais « la dégradante division du travail manuel et du travail intellectuel » ou, selon une autre formule, « la séparation des forces spirituelles du travail d'avec le travail manuel ». Mais Marx ne s'est pas demandé s'il ne s'agit pas là d'un ordre de problèmes indépendant des problèmes que pose le jeu de l'économie capitaliste proprement dite. Bien qu'il ait assisté à la séparation de la propriété et de la fonction dans l'entreprise capitaliste, il ne s'est pas demandé si la fonction administrative, dans la mesure où elle est permanente, ne pourrait pas, indépendamment de tout monopole de la propriété, donner naissance à une nouvelle classe oppressive. Et cependant, si l'on voit très bien comment une révolution peut « exproprier les expropriateurs », on ne voit pas comment un mode de production fondé sur la subordination de ceux qui exécutent à ceux qui coordonnent pourrait ne pas produire automatiquement une structure sociale définie par la dictature d'une caste bureaucratique. Non pas qu'on ne puisse imaginer un contrôle et un système de roulement qui rétablirait l'égalité aussi bien dans l'État que dans le procès même de la production industrielle ; mais, en fait, quand une couche sociale se trouve pourvue d'un monopole quelconque, elle le conserve jusqu'à ce que les bases mêmes en soient sapées par le développement historique. C'est ainsi que le féodalisme est tombé non pas sous la poussée des masses populaires s'emparant elles-mêmes de la force armée, mais par la substitution du commerce à la guerre comme moyen principal de domination. De même, la couche sociale définie par l'exercice des fonctions d'administration n'acceptera jamais, quel que soit le régime légal de la propriété, d'ouvrir l'accès de ces fonctions aux masses laborieuses, d'apprendre « à chaque cuisinière à gouverner l'État » ou à chaque manœuvre à diriger l'entreprise. Tout régime de domination d'une classe sur une autre répond en somme, dans l'histoire, à la distinction entre une fonction sociale dominante et une ou plusieurs fonctions subordonnées ; ainsi, au Moyen Âge, la production était quelque chose de subordonné par rapport à la défense des champs à main armée ; à l'étape suivante, la production, devenue essentiellement industrielle, s'est trouvée subordonnée à la circulation. Il y aura socialisme quand la fonction dominante sera le travail productif lui-même ; mais c'est ce qui ne peut avoir lieu tant que durera un système de production où le travail proprement dit se trouve subordonné, par l'intermédiaire de la machine, à la fonction consistant à coordonner les travaux. Aucune expropriation ne peut résoudre ce problème, contre lequel s'est brisé l'héroïsme des ouvriers russes. La suppression de la division des hommes en capitalistes et en prolétaires n'implique nullement que doive disparaître, même progressivement, « la séparation des forces spirituelles du travail d'avec le travail manuel ».

*

Les technocrates américains ont tracé un tableau enchanteur d'une société où, le marché étant supprimé, les techniciens se trouveraient tout-puissants, et useraient de leur puissance de manière à donner à tous le plus de loisir et de bien-être possible. Cette conception rappelle, par son caractère utopique, celle du despotisme éclairé chère à nos pères. Toute puissance exclusive et non contrôlée devient oppressive aux mains de ceux qui en détiennent le monopole. Et dès à présent l'on voit fort bien comment se dessine, à l'intérieur même du système capitaliste, l'action oppressive de cette couche sociale nouvelle. Sur le terrain de la production, la bureaucratie, mécanique irresponsable, engendre, comme l'a noté Laurat à propos de l'URSS, d'une part un parasitisme sans limites, d'autre part une anarchie qui, en dépit de tous les « plans », équivaut pour le moins à l'anarchie causée par la concurrence capitaliste. Quant aux rapports entre la production et la consommation, il serait vain d'espérer qu'une caste bureaucratique, qu'elle soit russe ou américaine, les rétablisse en subordonnant la première à la seconde. Tout groupe humain qui exerce une puissance l'exerce, non pas de manière à rendre heureux ceux qui y sont soumis, mais de manière à accroître cette puissance ; c'est là une question de vie et de mort pour n'importe quelle domination. Tant que la production en est restée à un stade primitif, la question de la puissance s'est résolue par les armes. Les transformations économiques l'ont transportée sur le plan de la production elle-même ; c'est ainsi qu'est né le régime capitaliste. L'évolution du régime a, par la suite, rétabli la guerre comme moyen essentiel de lutte pour le pouvoir, mais sous une autre forme ; la supériorité dans la lutte militaire suppose, de nos jours, la supériorité dans la production elle-même. Si la production a pour fin, aux mains des capitalistes, le jeu de la concurrence, elle aurait nécessairement pour fin, aux mains des techniciens organisés en une bureaucratie d'État, la préparation à la guerre. Au reste, comme Rousseau l'avait déjà compris, aucun système d'oppression n'a intérêt au bien-être des opprimés ; c'est sur la misère que l'oppression peut peser le plus aisément de tout son poids. Quant à l'atmosphère morale que peut amener un régime de dictature bureaucratique, on peut dès à présent se rendre compte de ce qu'elle peut être. Le capitalisme n'est qu'un système d'exploitation du travail productif ; si l'on excepte les tentatives d'émancipation du prolétariat, il a donné un libre essor, dans tous les domaines, à l'initiative, au libre examen, à l'invention, au génie. Au contraire, la machine bureaucratique, qui exclut tout jugement et tout génie, tend, par sa structure même, à la totalité des pouvoirs. Elle menace donc l'existence même de tout ce qui est encore précieux pour nous dans le régime bourgeois. Au lieu du choc des opinions contraires, on aurait, sur toutes choses, une opinion officielle dont nul ne pourrait s'écarter ; au lieu du cynisme propre au système capitaliste, qui dissout tous les liens d'homme à homme pour les remplacer par de purs rapports d'intérêts, un fanatisme soigneusement cultivé, propre à faire de la misère, aux yeux des masses, non plus un fardeau passivement supporté, mais un sacrifice librement consenti ; un mélange de dévouement mystique et de bestialité sans frein ; une religion de l'État qui étoufferait toutes les valeurs individuelles, c'est-à-dire toutes les valeurs vraies. Le système capitaliste et même le régime féodal, qui, par le désordre qu'il comportait, permettait çà et là à des individus et à des collectivités de se développer d'une manière indépendante, sans parler de ce bienheureux régime grec où les esclaves étaient du moins employés à nourrir des hommes libres, toutes ces formes d'oppression apparaissent comme des formes de vie libre et heureuse auprès d'un système qui anéantirait méthodiquement toute initiative, toute culture, toute pensée.

Sommes-nous réellement menacés d'être soumis à un tel régime ? Nous en sommes peut-être plus que menacés ; il semble que nous le voyions se développer sous nos yeux. La guerre, qui se continue sous forme de préparation à la guerre, a donné une fois pour toutes à l'appareil d'État un rôle important dans la production. Bien que, même en pleine lutte, les intérêts des capitalistes aient souvent passé avant l'intérêt de la défense nationale, comme le montre l'exemple de Briey, la préparation systématique à la guerre suppose pour chaque État une certaine réglementation de l'économie, une certaine tendance vers l'indépendance économique. D'autre part, dans tous les domaines, la bureaucratie s'est, depuis la guerre, monstrueusement développée. Certes la bureaucratie ne s'est pas encore constituée en un système d'oppression ; si elle s'est infiltrée partout, elle demeure cependant diffuse, dispersée en une foule d'appareils que le jeu même du régime capitaliste empêche de se cristalliser autour d'un noyau central. Fried, le principal théoricien de la revue *Die Tat*, disait, en 1930 : « Nous sommes pratiquement sous la domination de la bureaucratie syndicale, de la bureaucratie industrielle et de la bureaucratie d'État, et ces trois bureaucraties se ressemblent tant qu'on pourrait mettre l'une à la place de l'autre. » Or, sous l'influence de la crise, ces trois bureaucraties tendent à se fondre en un appareil unique. C'est ce qu'on voit en Amérique, où Roosevelt, sous l'influence d'une pléiade de techniciens, essaye de fixer les prix et les salaires, en accord avec les unions d'industriels et d'ouvriers. C'est ce qu'on voit en Allemagne, où, avec une rapidité foudroyante, l'appareil d'État s'est annexé l'appareil syndical, et tend à mettre la main sur l'économie. Quant à la Russie, il y a longtemps que les trois bureaucraties de l'État, des entreprises et des organisations ouvrières n'y forment plus qu'un seul et même appareil.

La question des perspectives se pose de deux manières ; d'une part, pour la Russie, où les masses travailleuses ont exproprié propriétaires et capitalistes, il s'agit de savoir si la bureaucratie peut effacer, sans guerre civile, jusqu'aux traces des conquêtes d'Octobre. Il semble bien que les faits nous contraignent, malgré Trotsky, à répondre par l'affirmative. Quant aux autres pays, il faut examiner si le capitalisme proprement dit peut y périr sans une semblable expropriation, par une simple transformation du sens de la propriété. Sur ce point, les faits sont beaucoup moins clairs. Certes l'on peut dire que dès maintenant le régime capitaliste n'existe plus à proprement parler. Il n'y a plus à proprement parler de marché du travail. La réglementation du salaire et de l'embauche, le service du travail semblent autant d'étapes dans la transformation du salariat en une forme d'exploitation nouvelle. Il semble aussi qu'en Allemagne les commissaires installés par Hitler dans les trusts et les grandes entreprises, exercent réellement un pouvoir dictatorial. L'abandon systématique de la monnaie or dans le monde est aussi un phénomène important. D'autre part il faut tenir compte de faits tels que la « clôture de la révolution nationale » en Allemagne et la constitution d'un conseil supérieur de l'économie qui comprend tous les magnats. Cependant le mouvement national-socialiste est loin d'avoir dit son dernier mot. Les capitulations successives de la bourgeoisie devant ce mouvement montrent assez quel est le rapport des forces. La séparation de la propriété et de l'entreprise, qui a transformé la plupart des propriétaires de capital en simples parasites, permet des mots d'ordre, tels que « la lutte contre l'esclavage de l'intérêt », qui sont anticapitalistes sans être prolétariens. Quant aux grands magnats du capital industriel et financier, leur participation à la dictature économique de l'État n'exclut pas nécessairement la suppression du rôle qu'ils ont joué jusqu'ici dans l'économie. Enfin, si les phénomènes politiques peuvent être considérés comme des signes de l'évolution économique, on ne peut négliger le fait que tous les courants politiques qui touchent les masses, qu'ils s'intitulent fascistes, socialistes ou communistes, tendent à la même forme de capitalisme d'État. Seuls s'opposent à ce grand courant quelques défenseurs du libéralisme économique, de plus en plus timides et de moins en moins écoutés. Bien rares sont ceux de nos camarades qui se souviennent qu'on pourrait y opposer aussi la démocratie ouvrière. En présence de tous ces faits, et de bien d'autres, nous sommes contraints de nous demander nettement vers quel régime nous mènera la crise actuelle, si elle se prolonge, ou, en cas d'un retour rapide de la bonne conjoncture, les crises ultérieures.

*

Devant une semblable évolution, la pire déchéance serait d'oublier nous-mêmes le but que nous poursuivons. Cette déchéance a déjà atteint plus ou moins gravement un grand nombre de nos camarades, et elle nous menace tous. N'oublions pas que nous voulons faire de l'individu et non de la collectivité la suprême valeur. Nous voulons faire des hommes complets en supprimant cette spécialisation qui nous mutile tous. Nous voulons donner au travail manuel la dignité à laquelle il a droit, en donnant à l'ouvrier la pleine intelligence de la technique au lieu d'un simple dressage ; et donner à l'intelligence son objet propre, en la mettant en contact avec le monde par le moyen du travail. Nous voulons mettre en pleine lumière les rapports véritables de l'homme et de la nature, ces rapports que déguise, dans toute société fondée sur l'exploitation, « la dégradante division du travail en travail intellectuel et travail manuel ». Nous voulons rendre à l'homme, c'est-à-dire à l'individu, la domination qu'il a pour fonction propre d'exercer sur la nature, sur les outils, sur la société elle-même ; rétablir la subordination des conditions matérielles du travail par rapport aux travailleurs ; et, au lieu de supprimer la propriété individuelle, « faire de la propriété individuelle une vérité, en transformant les moyens de production [...] qui servent aujourd'hui surtout à asservir et exploiter le travail, en de simples instruments du travail libre et associé ».

C'est là la tâche propre de notre génération. Depuis plusieurs siècles, depuis la Renaissance, les hommes de pensée et d'action travaillent méthodiquement, à rendre l'esprit humain maître des forces de la nature ; et le succès a dépassé les espérances. Mais au cours du siècle dernier l'on a compris que la société elle-même est une force de la nature, aussi aveugle que les autres, aussi dangereuse pour l'homme s'il ne parvient pas à la maîtriser. Actuellement, cette force pèse sur nous plus cruellement que l'eau, la terre, l'air et le feu ; d'autant qu'elle a elle-même entre ses mains, par les progrès de la technique, le maniement de l'eau, de la terre, de l'air et du feu. L'individu s'est trouvé brutalement dépossédé des moyens de combat et de travail ; ni la guerre ni la production ne sont plus possibles sans une subordination totale de l'individu à l'outillage collectif. Or le mécanisme social, par son fonctionnement aveugle, est en train, comme le montre tout ce qui arrive depuis août 1914, de détruire toutes les conditions du bien-être matériel et moral de l'individu, toutes les conditions du développement intellectuel et de la culture. Maîtriser ce mécanisme est pour nous une question de vie ou de mort ; et le maîtriser, c'est le soumettre à l'esprit humain, c'est-à-dire à l'individu. La subordination de la société à l'individu, c'est la définition de la démocratie véritable, et c'est aussi celle du socialisme. Mais comment maîtriser cette puissance aveugle, alors qu'elle possède, comme Marx l'a montré en des formules saisissantes, toutes les forces intellectuelles et matérielles cristallisées en un monstrueux outillage ? Nous chercherions en vain dans la littérature marxiste une réponse à cette question.

Faut-il donc désespérer ? Certes, les raisons ne manqueraient pas. L'on voit mal où l'on pourrait placer son espérance. La capacité de juger librement se fait de plus en plus rare, en particulier dans les milieux intellectuels, par cette spécialisation qui force chacun, dans les questions fondamentales que pose chaque recherche théorique, à croire sans savoir. Ainsi, même dans le domaine de la théorie pure, le jugement individuel se trouve découronné devant les résultats acquis par l'effort collectif. Quant à la classe ouvrière, sa situation d'instrument passif de la production ne la prépare guère à prendre ses propres destinées en main. Les générations actuelles ont été d'abord décimées et démoralisées par la guerre ; puis la paix et la prospérité, une fois revenues, ont amené d'une part un luxe et une fièvre de spéculation qui ont profondément corrompu toutes les couches de la population ; d'autre part, des modifications techniques qui ont enlevé à la classe ouvrière sa force principale. Car l'espoir du mouvement révolutionnaire reposait sur les ouvriers qualifiés, seuls à unir, dans le travail industriel, la réflexion et l'exécution, à prendre une part active et essentielle dans la marche de l'entreprise, seuls capables de se sentir prêts à assumer un jour la responsabilité de toute la vie économique et politique. En fait, ils formaient le noyau le plus solide des organisations révolutionnaires. Or la rationalisation a supprimé leur fonction et n'a guère laissé subsister que des manœuvres spécialisés, complètement asservis à la machine. Ensuite est venu le chômage, qui s'est abattu sur la classe ouvrière ainsi mutilée sans provoquer de réaction. S'il a exterminé moins d'hommes que la guerre, il a produit un abattement autrement profond, en réduisant de larges masses ouvrières, et en particulier toute la jeunesse, à une situation de parasite qui, à force de se prolonger, a fini par sembler définitive à ceux qui la subissent. Les ouvriers qui sont demeurés dans les entreprises ont fini par considérer eux-mêmes le travail qu'ils accomplissent non plus comme une activité indispensable à la production, mais comme une faveur accordée par l'entreprise. Ainsi le chômage, là où il est le plus étendu, en arrive à réduire le prolétariat tout entier à un état d'esprit de parasite. Certes la prospérité peut revenir, mais aucune prospérité ne peut sauver les générations qui ont passé leur adolescence et leur jeunesse dans une oisiveté plus exténuante que le travail, ni préserver les générations suivantes d'une nouvelle crise ou d'une nouvelle guerre. Les organisations peuvent-elles donner au prolétariat la force qui lui manque ? La complexité même du régime capitaliste, et par suite des problèmes que pose la lutte à mener contre lui, transporte dans le sein même du mouvement ouvrier « la dégradante division du travail en travail manuel et intellectuel ». La lutte spontanée s'est toujours révélée impuissante, et l'action organisée sécrète en quelque sorte automatiquement un appareil de direction qui, tôt ou tard, devient oppressif. De nos jours cette oppression s'effectue sous la forme d'une liaison organique soit avec l'appareil d'État national, soit avec l'appareil d'État russe. Et ainsi nos efforts risquent, non seulement de rester vains, mais encore de se tourner contre nous, au profit de notre ennemi capital, le fascisme. Le travail d'agitation, en exaspérant la révolte, peut favoriser la démagogie fasciste, comme le montre l'exemple du parti communiste allemand. Le travail d'organisation, en développant la bureaucratie, peut favoriser également l'avènement du fascisme, comme le montre l'exemple de la social-démocratie. Les militants ne peuvent pas remplacer la classe ouvrière. L'émancipation des travailleurs sera l'œuvre des travailleurs eux-mêmes, ou elle ne sera pas. Or, le fait le plus tragique de l'époque actuelle, c'est que la crise atteint le prolétariat plus profondément que la classe capitaliste, de sorte qu'elle apparaît comme n'étant pas simplement la crise d'un régime, mais de notre société elle-même.

Ces vues seront sans doute taxées de défaitisme, même par des camarades qui cherchent à voir clair. Il est douteux cependant que nous ayons avantage à employer dans nos rangs le vocabulaire de l'état-major. Le terme même de découragement ne saurait avoir de sens parmi nous. La seule question qui se pose est de savoir si nous devons ou non continuer à lutter ; dans le premier cas, nous lutterons avec autant d'ardeur que si la victoire était sûre. Il n'y a aucune difficulté, une fois qu'on a décidé d'agir, à garder intacte, sur le plan de l'action, l'espérance même qu'un examen critique a montré être presque sans fondement ; c'est là l'essence même du courage. Or, étant donné qu'une défaite risquerait d'anéantir, pour une période indéfinie, tout ce qui fait à nos yeux la valeur de la vie humaine, il est clair que nous devons lutter par tous les moyens qui nous semblent avoir une chance quelconque d'être efficaces. Un homme que l'on jetterait à la mer en plein océan ne devrait pas se laisser couler, malgré le peu de chances qu'il aurait de trouver le salut, mais nager jusqu'à l'épuisement. Et nous ne sommes pas véritablement sans espoir. Le seul fait que nous existons, que nous concevons et voulons autre chose que ce qui existe, constitue pour nous une raison d'espérer. La classe ouvrière contient encore, dispersés çà et là, en grande partie hors des organisations, des ouvriers d'élite, animés de cette force d'âme et d'esprit que l'on ne trouve que dans le prolétariat, prêts, le cas échéant, à se consacrer tout entiers, avec la résolution et la conscience qu'un bon ouvrier met dans son travail, à l'édification d'une société raisonnable. Dans des circonstances favorables, un mouvement spontané des masses peut les porter au premier plan de la scène de l'histoire. En attendant, l'on ne peut que les aider à se former, à réfléchir, à prendre de l'influence dans les organisations ouvrières restées encore vivantes, c'est-à-dire, pour la France, dans les syndicats, enfin à se grouper pour mener, dans la rue ou dans les entreprises, les actions qui sont encore possibles malgré l'inertie actuelle des masses. Un effort tendant à grouper tout ce qui est resté sain au cœur même des entreprises, en évitant aussi bien l'excitation des sentiments élémentaires de révolte que la cristallisation d'un appareil, ce n'est pas encore grand-chose, mais il n'y a pas autre chose. Le seul espoir du socialisme réside dans ceux qui, dès à présent, ont réalisé en eux-mêmes, autant qu'il est possible dans la société d'aujourd'hui, cette union du travail manuel et du travail intellectuel qui définit la société que nous nous proposons.

Mais, à côté de cette tâche, l'extrême faiblesse des armes dont nous disposons nous oblige à en entreprendre une autre. Si, comme ce n'est que trop possible, nous devons périr, faisons en sorte que nous ne périssions pas sans avoir existé. Les forces redoutables que nous avons à combattre s'apprêtent à nous écraser ; et certes elles peuvent nous empêcher d'exister pleinement, c'est-à-dire d'imprimer au monde la marque de notre volonté. Mais il est un domaine où elles sont impuissantes. Elles ne peuvent nous empêcher de travailler à concevoir clairement l'objet de nos efforts, afin que, si nous ne pouvons accomplir ce que nous voulons, nous l'ayons du moins voulu, et non pas désiré aveuglément ; et, d'autre part, notre faiblesse peut à la vérité nous empêcher de vaincre, mais non pas de comprendre la force qui nous écrase. Rien au monde ne peut nous interdire d'être lucides. Il n'y a aucune contradiction entre cette tâche d'éclaircissement théorique et les tâches que pose la lutte effective ; il y a corrélation au contraire, puisqu'on ne peut agir sans savoir ce que l'on veut, et quels obstacles on a à vaincre. Néanmoins, le temps dont nous disposons étant de toutes manières limité, l'on est forcé de le répartir entre la réflexion et l'action, ou, pour parler plus modestement, la préparation à l'action. Cette répartition ne peut être déterminée par aucune règle, mais seulement par le tempérament, la tournure d'esprit, les dons naturels de chacun, les conjectures que chacun formé concernant l'avenir, le hasard des circonstances. En tout cas, le plus grand malheur pour nous serait de périr impuissants à la fois à réussir et à comprendre.

Sources

« Premières impressions d'Allemagne », *La Révolution prolétarienne*, n° 134, 25 août 1932.

« Impressions d'Allemagne. L'Allemagne en attente (août et septembre) », *La Révolution prolétarienne*, n° 138, 25 octobre 1932.

« Les événements d'Allemagne. La grève des transports de Berlin, les élections », *La Révolution prolétarienne*, n° 140, 25 novembre 1932.

« La situation en Allemagne I », *L'École émancipée*, n° 10, 4 déc. 1932 ; n° 12, 18 déc. 1932 ; n° 15, 8 janv. 1933 ; n° 16, 15 janv. 1933 ; n° 18, 29 janv. 1933 ; n° 19, 5 fév. 1933 ; n° 20, 12 fév. 1933 ; n° 21, 19 fév. 1933 ; n° 22, 26 fév. 1933 ; n° 23, 5 mars 1933.

« La situation en Allemagne II », *Libres Propos*, nouvelle série, 7e année, n° 2, 25 février 1933.

« Perspectives. Allons-nous vers la révolution prolétarienne ? », *La Révolution prolétarienne*, n° 158, 25 août 1933.

Table

Rivages poche/Petite Bibliothèque

Collection dirigée par Lidia Breda

DERNIÈRES PARUTIONS

Simone Weil	*Écrits sur l'Allemagne* (n° 833)
F. T. Marinetti	*Contre Venise passéiste* (n° 832)
A. Schopenhauer	*L'Art de se connaître soi-même* (n° 830)
Mme de Sablé	*Maximes* (n° 829)
Walter Benjamin	*Dernières lettres* (n° 827)
Joseph Roth	*Confession d'un assassin racontée en une nuit* (n° 826)
A. Dufourmantelle	*Éloge du risque* (n° 825)
Montaigne	*De la vanité* (n° 63)
Ambrose Bierce	*Le Dictionnaire du Diable* (n° 821)
Martin Heidegger	*De l'origine de l'œuvre d'art* (n° 820)
Cesare Beccaria	*Des délits et des peines* (n° 819)
Giorgio Agamben	*Qu'est-ce qu'un dispositif ?* (n° 569)
Hippolyte Taine	*Vie et opinions philosophiques d'un chat* (n° 601)
Virginia Woolf	*Suis-je snob ?* (n° 734)
Mme du Châtelet	*Discours sur le bonheur* (n° 221)
H. de Saint-Simon	*De la réorganisation de la société européenne* (n° 817)
B. de Saint-Pierre	*Éloge historique et philosophique de mon ami* (n° 816)
Edith Wharton	*Beatrice Palmato* (n° 815)
Sénèque	*De la colère* (n° 814)
D. Noguez	*Comment rater complètement sa vie en onze leçons* (n° 438)
E. Levinas	*La Compréhension de la spiritualité* (n° 810)
I. de Loyola	*Exercices spirituels* (n° 788)
Rose Bertin	*Mémoires sur Marie-Antoinette* (n° 811)
Vivant Denon	*Point de lendemain* (n° 807)
A. Tchekhov	*Une plaisanterie, et autres nouvelles* (n° 808)
Fougeret de Monbron	*Le Cosmopolite ou le citoyen du monde* (n° 765)

Wanda von Sacher-Masoch	
	Confession de ma vie (n° 709)
Simone Weil	*L'Iliade ou le poème de la force* (n° 674)
Origène	*Au commencement était le Verbe* (n° 805)
Dante	*L'Enfer* (n° 804)
R. M. Rilke	*Poupées* (n° 803)
Jane Austen	*Amour et amitié* (n° 802)
Machiavel	*Lettres à Francesco Vettori* (n° 800)
Emanuele Coccia	*La Vie sensible* (n° 801)
Cicéron	*Du destin* (n° 799)
Théophile Gautier	*Charles Baudelaire* (n° 798)
J. M. Barrie	*Peter Pan* (n° 796)
M. Renouard	*La Réforme de l'opéra de Pékin* (n° 795)
J. M. Keynes	*Deux souvenirs* (n° 793)
B. Franklin	*Conseils pour se rendre désagréable* (n° 792)
C. de Foucauld	*Déserts* (n° 750)
J.-H. Fabre	*Une ascension au mont Ventoux* (n° 791)
Edith Wharton	*La Plénitude de la vie* (n° 790)
Franz Hessel	*Flâneries parisiennes* (n° 789)
Joseph Conrad	*Amy Foster* (n° 787)
Virginia Woolf	*Lettre à un jeune poète* (n° 785)
Stefan Zweig	*La Peur* (n° 783)
Giorgio Agamben	*De la très haute pauvreté* (n° 781)
K. et J. Marx	*Lettres d'amour et de combat* (n° 782)
Anatole France	*Le Livre de mon ami* (n° 779)
J. Conrad - F.M. Fox	*La Nature d'un crime* (n° 778)
F. Schlegel	*Philosophie de la vie* (n° 776)
W. Morris	*Comment nous vivons, comment nous pourrions vivre* (n° 775)
Stefan Zweig	*Le Désarroi des sentiments* (n° 774)
Marc Bekoff	*Les Émotions des animaux* (n° 773)
Charles Dickens	*Londres, la nuit* (n° 770)
S. Freud - S. Zweig	*Correspondance* (n° 166)
Charles Dickens	*Les Carillons* (n° 769)
H. D. Thoreau	*Les Forêts du Maine* (n° 771)
Alma Mahler	*Journal intime* (n° 768)
Arthur Schnitzler	*Journal* (n° 767)
David Lodge	*À la réflexion* (n° 766)
Roger Nimier	*Les Indes galandes* (n° 64)
H. Hesse	*Une bibliothèque idéale* (n° 763)

Giorgio Agamben	*Nudités* (nº 760)
Virginia Woolf	*Elles* (nº 759)
A. Gramsci	*Pourquoi je hais l'indifférence* (nº 746)
Pétrarque	*Sur sa propre ignorance* (nº 755)
Ludwig Tieck	*Le Chat botté* (nº 754)
Edith Wharton	*Paysages italiens* (nº 753)
H. de Balzac	*Traité de la vie élégante* (nº 752)
Italo Svevo	*Court voyage sentimental* (nº 751)
S. Kierkegaard	*La Crise dans la vie d'une actrice* (nº 749)
Lola Montès	*L'Art de la beauté* (nº 748)
Marc Augé	*Pour une anthropologie de la mobilité* (nº 747)
Mme de Staël	*Dix années d'exil* (nº 744)
James Joyce	*Lettres à Nora* (nº 741)
Clarice Lispector	*Le Seul moyen de vivre* (nº 743)
Franz Kafka	*Cahiers in-octavo* (nº 742)
Mori Ôgai	*Chimères* (nº 739)
Walter Benjamin	*Critique et utopie* (nº 737)
Léon Tolstoï	*Lettres à sa femme* (nº 738)
Épictète	*Ce que promet la Philosophie* (nº 735)
Virginia Woolf	*Une pièce bien à soi* (nº 733)
A. Dufourmantelle	*En cas d'amour* (nº 732)
Charles Nodier	*Questions de littérature légale* (nº 731)
Carlo Ossola	*En pure perte* (nº 730)
Nikolaï Leskov	*Le Voyageur enchanté* (nº 728)
John Ruskin	*La Bible d'Amiens* (nº 725)
H. de Balzac	*Petites misères de la vie conjugale* (nº 724)
Jackie Pigeaud	*Melancholia* (nº 726)
William Temple	*Sur les jardins d'Épicure* (nº 720)
William Morris	*L'Art et l'Artisanat* (nº 719)
John Ruskin	*Sésame et les Lys* (nº 718)
Ippolita	*Le Côté obscur de Google* (nº 709)
Chantal Thomas	*L'Esprit de conversation* (nº 706)
G. Leopardi	*Chants* (nº 717)
L. Binswanger – A. Warburg	*La Guérison infinie* (nº 716)
P. B. Shelley	*Défense de la poésie* (nº 714)
Hofmannsthal	*Lettres du retour* (nº 713)
Giorgio Agamben	*La Puissance de la pensée* (nº 712)
Rob Nairn	*Qu'est-ce que la méditation ?* (nº 711)

F. de la Motte-Fouqué	
	Ondine (nº 710)
Franz Kafka	*Lettres à Max Brod* (nº 708)
Jean Jaurès	*Le Socialisme et la Vie* (nº 686)
Nicolas de Cues	*La Docte Ignorance* (nº 704)
Lewis Carroll	*Lettres à Alice* (nº 703)
F. S. Fitzgerald	*L'Effondrement* (nº 701)
Walter Benjamin	*Enfance* (nº 699)
Mark Twain	*La Liberté de parole* (697)
Léon Tolstoï	*L'Évangile expliqué aux enfants* (nº 696)
C. M. Schulz	*Play It Again, Schroeder !* (nº 695)
Augustin	*Soliloques* (nº 694)
R. W. Emerson	*Société et solitude* (nº 692)
C. Deneuve – A. Desplechin	
	Une certaine lenteur (nº 690)
Théophraste	*Caractères* (nº 688)
Alexander Pope	*La Boucle de cheveux enlevée* (nº 687)
Marc Augé	*Éloge de la bicyclette* (nº 685)
Jackie Pigeaud	*Que veulent les femmes ?* (nº 684)
A. Prévost-Paradol	*Madame de Marçay* (nº 682)
C. et M. Lamb	*Les Contes de Shakespeare* (nº 681)
Arthur Schnitzler	*Double rêve* (nº 680)
Rudyard Kipling	*Paroles de chien* (nº 679)
C. M. Schulz,	*Super Snoopy* (nº 678)
John Keats	*Lettres à Fanny* (nº 677)
William Blake	*Chants d'innocence* (nº 676)
Anatole France	*La Révolte des anges* (nº 673)
Benedetto Croce	*Pourquoi nous ne pouvons pas ne pas nous dire « chrétiens »* (nº 672)
D'Holbach	*Essais sur l'art de ramper* (nº 670)
Marc Augé	*La Communauté illusoire* (nº 669)
Rudyard Kipling	*Dans la jungle* (nº 667)
R. Appignanesi	*Walter Benjamin* (nº 666)
Kurt Tucholsky	*Chroniques parisiennes* (nº 665)
A. Schopenhauer	*Petits écrits français* (nº 664)
Sacher-Masoch	*La Vénus à la fourrure* (nº 661)
Mlle Aïssé	*Lettres à Madame C**** (nº 660)
Isaiah Berlin	*La Liberté et ses traîtres* (nº 659)
F. de Towarnicki	*De petits points lumineux d'espoir* (nº 645)
Pierre Sansot	*Ce qu'il reste* (nº 657)

Jackie Pigeaud	*Poésie du corps* (n° 656)
Charles Darwin	*Écrits intimes* (n° 647)
Laurence Sterne	*Voyage sentimental en France et en Italie* (n° 654)
Pétrarque	*Séjour à Vaucluse* (n° 653)
C. M. Schulz	*Sally à l'école* (n° 652)
Samuel Butler	*Contrevérités* (n° 651)
William Thackeray	*Le Livre des snobs* (n° 650)
Marcel Proust	*Les Intermittences du cœur* (n° 646)
Martin Heidegger	*Remarques sur art – sculpture – espace* (n° 640)
Cicéron	*L'Orateur idéal* (n° 639)
Günther Anders	*La Haine* (n° 642)
Augustin	*Confessions portatives* (n° 641)
Rudyard Kipling	*La Plus Belle Histoire du monde* (n° 638)
D.H. Lawrence	*Lettres à K. Mansfield* (n° 635)
Voltaire	*Lettres (1711-1778)* (n° 634)
Zygmunt Bauman	*Vies perdues* (n° 633)
Michel Surya	*De l'argent* (n° 632)
Joseph Conrad	*Un avant-poste du progrès* (n° 631)
David Lodge	*L'Art de la fiction* (n° 630)
M. Tsvétaïéva	*Matins bénis* (n° 627)
Charles Darwin	*Le Corail de la vie* (n° 623)
Mme de Scudéry	*Du mensonge* (n° 625)
R. L. Stevenson	*Devenir écrivain* (n° 624)
James Hillman	*La Trahison et autres essais* (n° 626)
Lucien	*Sur le deuil* (n° 619)
Léon Bloy	*Le Symbolisme de l'apparition* (n° 618)
Giorgio Agamben	*Qu'est-ce que le contemporain ?* (n° 617)
Mencius	*Le Livre de Mencius* (n° 615)
C. M. Schulz	*Le Doudou de Linus* (n° 614)
Sade	*Voyage à Naples* (n° 613)
Sainte-Beuve	*Madame du Deffand* (n° 608)
J.-F. de Bastide	*La Petite maison* (n° 607)
H. Bergson	*La Politesse* (n° 610)
Franz Kafka	*Journal intime* (n° 609)
G. Palante	*Le Bovarysme* (n° 605)
H. Melville	*Le Bonheur dans l'échec* (n° 604)
Virginia Woolf	*L'Écrivain et la Vie* (n° 600)

Mise en pages
PCA – 44400 Rezé

Imprimé par CPI (Barcelona)
en juin 2019

Imprimé en Espagne